Gêneros e formatos
na televisão brasileira

CIP-BRASIL. CATALOGAÇÃO-NA-FONTE
SINDICATO NACIONAL DOS EDITORES DE LIVROS, RJ

S715g
2. ed.

Souza, José Carlos Aronchi de
Gêneros e formatos na televisão brasileira / José Carlos Aronchi de Souza. - 2. ed. - São Paulo : Summus, 2015.
il.

Inclui bibliografia
ISBN 978-85-323-1020-0

1. Televisão - Brasil. 2. Televisão - Produção e direção. 3. Televisão - Programas I. Título.

15-21738 CDD: 791.4570981
CDU: 654.191981

www.summus.com.br

JOSÉ CARLOS ARONCHI DE SOUZA

Gêneros e formatos na televisão brasileira

summus editorial

Editora executiva: **Soraia Bini Cury**
Assistente editorial: **Michelle Neris**
Capa: **Alberto Mateus**
Projeto gráfico e diagramação: **Crayon Editorial**
Impressão: **Sumago Gráfica Editorial**

Summus Editorial
Departamento editorial
Rua Itapicuru, 613 – 7º andar
05006-000 – São Paulo – SP
Fone: (11) 3872-3322
Fax: (11) 3872-7476
http://www.summus.com.br
e-mail: summus@summus.com.br

Atendimento ao consumidor
Summus Editorial
Fone: (11) 3865-9890

Vendas por atacado
Fone: (11) 3873-8638
Fax: (11) 3872-7476
e-mail: vendas@summus.com.br

Impresso no Brasil

Lilia e Júlia, Nêga e Gatinha, são as quatro-em-um que acompanharam cada passo deste trabalho e tiveram a paciência que Deus dá para quem ama.

AGRADECIMENTOS

Agradeço aos amigos que me incentivaram a publicar este trabalho e me fizeram enxergar a necessidade de continuar meus estudos nesse campo da comunicação. Certamente, vou esquecer de citar nomes, mas alguns foram muito marcantes e por isso a memória não falha.

Aloísio Ramos Trinta, Anamaria Fadul, André Barbosa Filho, Cristina Gobbi, Cristina Schimidt, José Antonio Daniello, José Marques de Melo, Edgard Rebouças, Elaine Baltazar, Fábio Cappellini, Iluska Coutinho, Ivan Bismara, Lourival Farias Sodré, Nivaldo Marangoni, Patrícia Kay, Rafael Souza Silva e Sandra Reimão.

A todos o meu muito obrigado por terem participado desta publicação, cada qual à sua maneira e no momento certo.

Nesta segunda edição, quero agradecer aos meus colegas professores e profissionais de televisão. Passados mais de dez anos da primeira edição, o reconhecimento deles, e também dos alunos, credita maior valor a este trabalho. Obrigado a todos os leitores!

Sumário

Prefácio

A televisão brasileira conquistou projeção mundial, exportando programas para mais de uma centena de países, o que traduz o reconhecimento da competência e criatividade dos nossos produtores audiovisuais.

As telenovelas, minisséries, musicais e documentários, embalados com o selo verde-amarelo, suscitam também o interesse dos especialistas em comunicação comparada. Eles procuram compreender sua aceitação em mercados tão díspares quanto os vizinhos hispano-americanos, as distantes nações luso-africanas ou os multifacetados países do Leste Europeu.

O êxito comercial da nossa indústria televisiva pode ser explicado pela singularidade dos conteúdos exportados, mesclando valores universais com a exuberância da nossa paisagem e o exotismo dos tipos humanos que a povoam. Se esse argumento valida a tomada de decisão dos agentes que selecionam pacotes videográficos para exibir em seus territórios, ele não é suficiente para justificar a adesão persistente dos consumidores forâneos aos nossos produtos.

A chave desse enigma pode estar na configuração dos formatos televisivos aqui gerados, reproduzindo de modo criativo as matrizes hegemônicas no mercado internacional ou a elas assemelhando-se inequivocamente.

Foi com base nessa hipótese que José Carlos Aronchi esboçou sua pesquisa para a dissertação de mestrado defendida na Universidade Metodista de São Paulo, em São Bernardo do Campo. Contando com a orientação segura e submetendo-se à crítica instigante da professora Anamaria Fadul, ele palmilhou a literatura especializada em gêneros e formatos televisivos, desvendando o referencial taxionômico legitimado pela academia. Tomou-o como suporte investigativo para explorar empiricamente o universo televisivo brasileiro, verificando como práxis e teoria se amoldavam ou se estranhavam.

Tal exercício analítico convergiu para a feitura de uma grade elucidativa da programação da TV brasileira, classificando funcionalmente as unidades de conteúdo segundo categorias comunicacionais e nelas identificando os gêneros e formatos constituídos.

Trata-se de contribuição valiosa, ainda que provisória, para a formação universitária dos profissionais da comunicação, que enfrentam a carência de fontes autóctones capazes de subsidiar o aprendizado da produção e a difusão de mensagens televisivas.

Ao construir uma tipologia dos nossos programas de TV, demonstrando sua filiação às matrizes hegemônicas no mercado mundializado, o autor oferece também um roteiro capaz de motivar os jovens pesquisadores da mídia audiovisual a reproduzir suas observações no tempo e no espaço, acumulando dados suscetíveis de aguçar a identidade brasileira nesse campo.

A decisão de revisar as descobertas feitas na pesquisa de 1997, atualizando-as para circular na forma de livro, representa uma iniciativa meritória do autor. Os estudantes dos cursos de rádio-televisão-vídeo dispõem agora de um texto sistemático destinado a guiá-los no reconhecimento dos gêneros e formatos cotidianamente difundidos pelas nossas redes televisivas.

O texto pode, ao mesmo tempo, desafiá-los a inovar nos exercícios laboratoriais prescritos pelos respectivos mestres nas universidades em que estão matriculados. Dessa maneira, talvez seja possível à nova geração de videastas brasileiros criar gêneros folkmidiáticos, menos colados nos formatos globalizantes e mais próximos daqueles gêneros típicos da nossa cultura popular.

Modelos endógenos não lhes faltam. Basta inspirar-se nas ousadias ficcionais outrora esboçadas por um roteirista como Dias Gomes e hoje aprofundadas por um diretor como Guel Arraes.

Este volume pode vir a ser também fonte útil aos cidadãos telespectadores interessados em conhecer as entranhas da produção audiovisual, suas rotinas operacionais, estratégias mercadológicas e determinações tecnológicas, vindo a formar correntes de opinião retroalimentadoras da consciência crítica dos produtores audiovisuais.

Deve-se registrar, finalmente, que o livro constitui uma evidência do pragmatismo utópico enraizado na ação cognitiva do Grupo Comunicacional de São Bernardo*, a que pertence academicamente o autor.

Formado numa escola que valoriza dialeticamente o embate entre ação e reflexão, José Carlos Aronchi credenciou-se para enfrentar o mercado de trabalho audiovisual, conquistando espaços alentadores nas empresas do ramo antes de optar pela docência universitária. A vivência na sala de aula, nos estúdios televisivos e na pesquisa de campo embasaram sua ascensão na comunidade acadêmica. Ainda jovem, ele passou a ocupar posição de realce na liderança da Sociedade Brasileira de Estudos Interdisciplinares da Comunicação (Intercom).

Ao enveredar pelo segmento editorial, socializando o conhecimento estocado em seus estudos seminais com os candidatos a postos de criação, produção e circulação nas indústrias videográficas, ele pretende alcançar novos patamares na sua trajetória intelectual. Tendo acompanhado progressivamente essa ascensão

* O perfil acadêmico do Grupo Comunicacional de São Bernardo pode ser compreendido na antologia coordenada por Marques de Melo e Castelo Branco – *Pensamento comunicacional brasileiro: o Grupo de São Bernardo* (São Bernardo do Campo: Editora Umesp, 1998), devidamente ampliado na edição especial da revista *Comunicação & Sociedade* (n. 41, 2003) e atualizado pela coletânea *Pensamento comunicacional latino-americano: da pesquisa-denúncia ao pragmatismo utópico* (São Bernardo do Campo: Editora Umesp, 2004), organizada por Marques de Melo e Gobbi.

acadêmica, sentimo-nos orgulhosos em afiançar sua investida no terreno da difusão bibliográfica, como temos feito com outros estudiosos da sua geração. Assim procedendo, temos a certeza de estar edificando uma base editorial capaz de reduzir a nossa escandalosa dependência das fontes d'além-mar, cujo referencial mostra-se defasado das nossas aspirações coletivas e distanciado das nossas potencialidades inovadoras.

JOSÉ MARQUES DE MELO
Professor emérito da Escola de Comunicações e Artes da Universidade de São Paulo e titular da Cátedra Unesco de Comunicação na Universidade Metodista de São Paulo

Abertura – Introdução

As informações sobre a programação da TV brasileira publicadas neste trabalho foram coletadas durante dez anos, de 1994 a 2003. Esse longo caminho até a publicação foi acompanhado de muitas contribuições de colegas que me incentivaram a tornar este livro realidade. Em vários congressos e encontros profissionais, fui indagado sobre a futura publicação do trabalho e informado sobre a carência de estudos sobre gêneros na TV no Brasil. Essas informações vieram de profissionais e pesquisadores respeitáveis da área de televisão de locais distantes da minha área de convívio, como Mato Grosso do Sul, Espírito Santo, Bahia, Minas Gerais, Rio de Janeiro, Rio Grande do Sul e de várias cidades de São Paulo. Cada vez que me informavam sobre o uso de partes do trabalho que estavam disponíveis parcialmente em outros ensaios, minha reação era a de quem assume que deve a publicação completa, mas vai pagar quando puder. Na verdade, eu não acreditava que, depois de tanto tempo, este trabalho apresentado em partes em vários eventos ainda tivesse alguma importância para publicação, ainda que citado na bibliografia de importantes publicações sobre televisão, como *Telejornalismo no Brasil*[1], entre outras.

Em 2003, dez anos após o início da pesquisa, participei de dois debates sobre televisão no XXVI Congresso da Intercom (Sociedade Brasileira de Estudos Interdisciplinares da Comunicação), na PUC-Minas. Em ambos os debates, os expositores reconheceram a dificuldade com o tema, pela falta de bibliografia sobre os gêneros na TV. Porém, numa discussão sobre critérios editoriais no telejornalismo[2], fui surpreendido por uma pesquisadora da Faesa, que, sem conhecer este autor e sem saber que eu me encontrava na plateia, citou minha dissertação de mestrado como uma das poucas referências que tinha sobre gêneros na televisão e por isso aguardava a publicação. Ao ouvir que fiquei famoso por nunca ter publicado a dissertação, resolvi retomar a pesquisa, elaborar a atualização e concluí-la neste livro, visto que os conceitos essenciais sobre a programação da TV não mudaram desde a sua invenção. Portanto, este trabalho deve continuar atual por muito tempo...

O tema gêneros na televisão é, sem dúvida, apaixonante. Para ser sincero, adquiri essa paixão porque, ao me aprofundar nele, cheguei a descobertas fascinantes sobre planejamento, produção, comercialização, transmissão e recepção dos programas de televisão. Desenvolvi o trabalho a partir da minha experiência profissional e acadêmica em diversas produtoras de vídeo no Brasil e no exterior e nas redes de TV Globo e Cultura, além de aulas de televisão que ministrei nos cursos de Comunicação Social, nas habilitações em Jornalismo e Radialismo, nas Universidades Estadual de São Paulo (Unesp-Bauru), Metodista (Umesp), de Mogi das Cruzes (UMC) e Católica de Santos (UniSantos).

Nesses cursos, antes de desenvolver as atividades práticas, fazia com os alunos um reconhecimento de campo dos programas de televisão. Abordava as principais características de cada programa e tentava associá-las a outros de emissoras diferentes. Se não houvesse similares, buscava referência histórica que pudesse explicar a ideia e o objetivo de cada produção. Isso trazia vários elementos semelhantes entre os programas e dava uniformidade às linguagens da produção de TV, facilitando a identificação das técnicas e dos recursos utilizados pelos produtores.

Esse foi o caminho didático utilizado para classificar os gêneros de cada programa sem uma reflexão mais aprofundada e rigorosa. Tal dinâmica facilitava a organização e o planejamento de projetos de produção de programas experimentais, pois os alunos tentavam perseguir um gênero e um formato até desenvolverem fórmulas próprias. Mas ainda sentia falta de uma teoria de apoio para a classificação dos gêneros e formatos de toda a programação da TV.

A ausência de estudos específicos que permitissem classificar os gêneros, bem como suas variações, estimulou este estudo sobre as categorias, os gêneros e formatos da televisão brasileira, a fim de que servisse como ponto inicial para o ensino de produção de programas para televisão. O objetivo é oferecer subsídios para que estudantes interessados na análise dos conceitos da programação e os professores das disciplinas técnicas, juntamente com seus alunos, desenvolvam programas de TV com objetividade sobre os princípios básicos, obtidos após a identificação das características de cada programa.

Esta pesquisa permitiu identificar 37 formatos aplicados em 37 gêneros distribuídos em cinco categorias. Mesmo com esses números, não tenho a pretensão de fazer um histórico de cada gênero. Assim, muitos programas importantes que fizeram história no gênero não são citados, porque o objetivo não é esse. O presente estudo justifica-se pela necessidade de organizar os conceitos sobre televisão para contribuir com o desenvolvimento do veículo de comunicação de massa mais influente e cada vez mais presente na vida do brasileiro.

Utilizando o mesmo modo de formatação de um programa de televisão, em blocos, este livro está dividido em:

- 1º bloco: Abertura – Um programa para conhecer os programas
- 2º bloco: Classificação – Categorias, gêneros e formatos
- Encerramento – Conclusões

O livro permite a leitura utilizando o *zapping*, pulando trechos, indo direto aos programas ou visualizando os quadros e gráficos que ilustram a pesquisa. Na Abertura, faço algumas considerações sobre o tema central e a importância do ensino de televisão nos cursos de Comunicação e as especificidades das habilitações em Jornalismo e Radialismo. Valorizo o ensino de categorias, gêneros e formatos com a opinião de pesquisadores nacionais e internacionais e dou a receita do tempero da salada de gêneros. Nessa parte, explico a estruturação da pesquisa, composta pelo tripé teórico da teoria dos gêneros, da classificação dos programas pelas emissoras e pela análise da programação das sete redes de televisão brasileiras: Cultura, SBT, Globo, Record, Rede TV! (ex-Rede Manchete), Gazeta e Bandeirantes.

O leitor verá retratada uma época da TV brasileira em fase de mudança significativa. Acompanho o período de 1994 a 2003 e faço uma análise mais profunda sobre o ano de 1996, que serviu de base para a aplicação do método de pesquisa. Durante esses dez anos, todas as emissoras passaram por momentos que marcaram sua programação: a Cultura sofreu declínio em razão da forte crise financeira que ainda perdura; o SBT conseguiu, em momentos raros porém em horários importantes, alcançar o primeiro lugar de audiência com programas populares; a Globo diminuiu sua margem na liderança da programação; a Record reformulou a programação sob a direção de um grupo evangélico; o Grupo Bloch vendeu a concessão da Manchete para a nova Rede TV!; a Gazeta encerrou seu contrato com o grupo CNT; e a Bandeirantes deixou de lado seu *slogan* "o canal do esporte" para investir em outros gêneros.

Para ajudar a entender essa indústria que é a televisão brasileira, no primeiro capítulo apresento as definições teóricas e as relações entre a arte e a comunicação. Surgem aí as primeiras definições dos objetos de estudo, as categorias, os gêneros e o formato dos programas. No segundo capítulo, enfoco a sistemática de programação de uma emissora, desvendando o ponto-chave que é a grade horária. Como a televisão se insere num mercado global, no terceiro capítulo traço um panorama dos gêneros de sucesso nas TVs mundiais, abordando a programação da Europa, dos Estados Unidos e da América Latina.

Finalizado esse primeiro bloco teórico, faço um rápido intervalo e passo para o segundo bloco, no qual se encontra a classificação de categorias, gêneros e formatos, que compõem o último capítulo dessa grande novela sobre os programas da TV brasileira. A pesquisa sobre 1996 gerou alguns gráficos que ajudam a compreender as opções de cada emissora no desenvolvimento da sua programação, segundo o perfil adotado por cada rede. Os gráficos e tabelas estão no quarto capítulo, juntamente com a análise das porcentagens de distribuição de cada gênero na grade de programação das TVs.

Após 1996, acompanhei pela imprensa o desenrolar das programações. Isso serviu de base para a formação de um arquivo de cerca de dois mil artigos que possibilitaram a identificação daqueles 37 gêneros e 37 formatos que compõem os quadros, separados em cinco categorias: entretenimento, informação, educação, publicidade e outros.

O encerramento não poderia ser outro senão as conclusões, que permitem abrir caminho para o estudo dos formatos da TV, assunto cada vez mais importante quando se pensa em produções criativas e inéditas. Espero que o leitor não durma antes de ler o fim. *Zap*!

NOTAS BIBLIOGRÁFICAS

1. Guilherme Jorge de Rezende, *Telejornalismo no Brasil: um perfil editorial.*
2. Iluska Coutinho, "A busca por critérios editoriais em telejornalismo: notas sobre a exigência de conflito nas notícias televisivas".

1º BLOCO

UM PROGRAMA PARA CONHECER OS PROGRAMAS

É preciso conhecer os gêneros da televisão para depois subvertê-los.
A subversão dos gêneros é o caminho para descobrir formatos inéditos.

A importância do ensino de televisão

Em todo o espaço cultural indo-europeu há uma palavra determinada que, em cada cultura, significa "compreensão" e "conhecimento". Em sânscrito esta palavra é vidya, *em norueguês* viten, *em indiano* vidya, *em grego* idé *e no latim* video, *que para os romanos significa simplesmente "ver".*

Jostein Gaardner[1]

O papel da televisão no universo lúdico das pessoas é comparado por Marques de Melo à meta definida por Adorno:

> [...] a televisão ocupa um papel excepcional, pela possibilidade que tem de cercar e capturar a consciência do público por todos os lados, aproximando-se daquela meta que Adorno define como "a totalidade do mundo sensível em uma imagem que alcança todos os órgãos, o sonho sem sonho".[2]

Os impactos sociais da televisão no Brasil têm sido estudados por diferentes pesquisadores. No final do século XX, demógrafos e pesquisadores consideraram a hipótese de uma correlação entre a queda na taxa de natalidade nas últimas duas décadas no país e a exposição aos meios de comunicação, principalmente à TV.[3]

A televisão também pode ter influência em muitos aspectos da vida cotidiana, como se vê em uma pesquisa realizada no México.

> A televisão é um elemento importante da vida cotidiana [...], é um fluxo que tem presença determinante; ver televisão contribui para o modo como os indivíduos estruturam e organizam seu dia, com respeito às suas atividades cotidianas e ao tempo, à hora de dormir ou de trabalhar. Atualmente, representa uma tecnologia insubstituível, podendo faltar algum [...] eletrodoméstico, mas a televisão é indispensável.[4]

Essa importância também é assinalada em depoimento do publicitário brasileiro Mauro Salles:

> Sem desmerecer a contribuição do rádio e da imprensa, é possível afirmar, sem medo de erro, que a televisão é a mídia brasileira mais importante. Em menos de quatro décadas, o vídeo transformou a face do país, modificou os hábitos diários do povo, revolucionou a política, impôs profundas alterações na cultura, estabeleceu parâmetros de comportamento, afetou a fala e inovou a língua dos brasileiros. Na economia, a televisão, como veículo publicitário, firmou-se como a mais atuante ferramenta de venda de bens e serviços, imprimindo velocidade e eficiência à roda da produção e do consumo, criando novos estímulos e consagrando conceitos, imagens e marcas. De outra parte, a televisão se transformou na principal fonte de informação e notícia para as mais amplas camadas de espectadores de todos os níveis, todas as idades, todas as classes, de todos os rincões deste país. A notícia, a reportagem, o discurso, o debate, o comentário televisivo invadiram as casas, os escritórios, as fábricas, as salas, os quartos, trazendo o mundo para perto de nós e, de outra parte, levando-nos para mais perto do mundo.[5]

Não só no Brasil a televisão assumiu essa importância. O país que mais produz e comercializa programas no mundo também usufrui esse predomínio no campo do entretenimento: "A televisão é de longe a fonte mais popular de entretenimento nos Estados Unidos"[6].

Para atender a um mercado em constante evolução, a televisão brasileira tem procurado acompanhar o exemplo das grandes redes internacionais que montaram o que se pode chamar de "indústria de produção de programas para TV". Luis de Carvalho Silva também conclui que:

> [...] o desenvolvimento da indústria de televisão no país, a partir de 1950, esteve intimamente relacionado com a própria industrialização brasileira, realizada sob a ótica da substituição de importações [...].[7]

Uma rede de televisão brasileira saiu na frente com ações para o aperfeiçoamento do processo. Aprimorou sua produção seguindo um padrão industrial e foi comparada a outros segmentos industriais e de mercado:

> A Globo (rede de televisão brasileira) é perfeitamente comparável aos maiores sucessos da cultura popular americana contemporânea, tais como a ubíqua rede de *fast-food* McDonald's. Globo e McDonald's são organizações comerciais bem-sucedidas em suas culturas de origem por terem estabelecido habilmente um padrão nacional, familiar e culturalmente apropriado de confiabilidade e consistência – em vez de excelência – em seus produtos. Da mesma forma que o McDonald's é familiar a praticamente todo americano, a Globo é familiar a quase todos os brasileiros.[8]

As maiores redes de televisão do mundo e também as mais tradicionais, como a inglesa BBC, a RAI (italiana), a mexicana Televisa, as americanas NBC, CBS e ABC ou mesmo a mais nova CNN, industrializaram a produção de programas e criaram esquemas de trabalho que permitem a otimização de recursos humanos e técnicos. Assim, diminuíram os custos nas várias etapas de produção, o que representa a base de lucratividade na comercialização de espaços publicitários e também da colocação de produtos televisivos no mercado internacional.[9]

Essas redes são verdadeiras fábricas de programas de todos os *gêneros e formatos*, que procuram entreter um exército de telespectadores e teleconsumidores no mundo todo. No Brasil, a otimização dos recursos técnicos e humanos das emissoras não visa apenas ao mercado nacional, já que alguns gêneros televisivos nacionais conseguem penetrar no mercado mundial.*

* "A TV Globo exporta seus programas para 128 países. A conquista do mercado externo vem sendo travada há mais de dez anos e demonstra que os primeiros resultados começam a ser obtidos" (José Marques de Melo, *As telenovelas da Globo – Produção e exportação*, p. 39).

Tanto nas grandes produções televisivas como nas pequenas, o planejamento racional significa, principalmente, o aumento da lucratividade e também o aproveitamento máximo dos recursos técnicos e humanos da emissora. Algumas produções, como as novelas, chegaram a investir US$ 100 mil por capítulo*, e a otimização dos recursos técnicos e humanos reflete no orçamento das demais produções. Atualmente, com a diminuição das despesas, um capítulo de novela custa em torno de US$ 40 mil.

Essa, em resumo, é a filosofia empresarial que acompanha o meio televisivo brasileiro. A televisão, diante da dificuldade de obter novos equipamentos, vale-se da criatividade e do empenho dos profissionais que nela trabalham para criar e desenvolver programas atrativos para o mercado publicitário.

A introdução de qualquer processo de produção em larga escala na televisão mundial, conforme os princípios industriais, requer a organização das várias etapas e, principalmente, pessoal competente e bem treinado. Essa questão implica qualidade dos recursos técnicos disponíveis e até formação de mão de obra.[10] Via de regra, não se pode esperar uma produção de qualidade se os recursos materiais, mesmo que abundantes, forem subutilizados por profissionais mal formados ou indevidamente treinados.

No Brasil, os cursos de Comunicação Social são, teoricamente, os responsáveis pela formação da mão de obra que produz e operacionaliza os programas de TV exibidos nas emissoras.

Distribuídos em atividades distintas, mas complementares, os roteiristas, produtores e diretores formam o primeiro grupo especializado. Outro grupo de profissionais, os que manipulam e operam equipamentos e demais recursos técnicos da televisão, atua nas áreas de áudio, vídeo, luz, câmera e edição, entre outras.

** "Vale a pena registrar que, na década de 80, a Rede Manchete – em fase de ascensão no mercado interno e começando a concorrer com a Globo no exterior – superou esses gastos de produção. Na novela *Corpo Santo* (1987), a Manchete despendeu recursos da ordem de US$ 200 mil por capítulo, quase o dobro do orçamento atingido pela Globo" (Marques de Melo, *op. cit.*, p. 60).

Esses dois grupos devem, desde 1988, ser formados por profissionais formados em Comunicação Social com habilitação em Radialismo[11], compondo, assim, a categoria dos radialistas.

O terceiro grupo de profissionais que trabalha em televisão é formado em Jornalismo e desempenha as funções regulamentadas na profissão desde 1978. Esses compõem a categoria dos jornalistas. Os artistas têm formação eclética.

No Brasil, portanto, as escolas já se adaptaram às exigências da indústria de produção de programas para TV. A formação básica é dada em cursos de Comunicação e complementada com estágios e treinamentos nas próprias emissoras.

Tendo como exemplo a Inglaterra e os Estados Unidos, que possuem um grande e efervescente mercado para essa mão de obra, a divisão e a formação dos seus profissionais influenciaram a definição das funções e atribuições dos profissionais brasileiros[12]: os cursos de *Broadcasting* formam o primeiro e o segundo grupos (denominados *radialistas* na legislação brasileira); já os profissionais do jornalismo têm formação mais variada e não necessariamente cursaram Jornalismo, uma exigência brasileira.

A expansão das telecomunicações no Brasil levou à rápida criação dos canais por assinatura e das TVs a cabo e à multiplicação das emissoras UHF em todo o país. A atual fase do mercado brasileiro de televisão exige uma reflexão sobre a formação dessa mão de obra de jornalistas e radialistas.

Sabe-se da importância da formação universitária completa, com disciplinas que ofereçam ao futuro profissional uma visão ampla da área e a compreensão de seu papel dentro da sociedade. Por outro lado, entende-se que o mercado de televisão também espera receber da universidade profissionais bem preparados intelectualmente e treinados para a utilização dos recursos e a aplicação das técnicas.

No mercado de trabalho, é comum ouvir que a faculdade não ensina nada, que o recém-formado é um recém-mal-informado sobre a profissão. Para eliminar esse preconceito é preciso ministrar as disciplinas de formação técnica com clareza, organização e eficiência, evitando o amadorismo e o experimentalismo que permeiam o ensino de televisão. O ensino profissional requer aprimoramento das técnicas de ensino do professor, da mesma maneira que são necessários o aperfeiçoamento e a atualização do profissional que atua em qualquer outra área.

Seguindo as etapas do aprendizado, o aluno torna-se capaz de identificar um programa e classificá-lo, para depois criar fórmulas de programas televisivos nos seus projetos experimentais. Esse, portanto, é um caminho para unir teoria e prática, pois a identificação dos gêneros e formatos pode associar-se à produção de programas experimentais logo no início dos cursos.

Para quem trabalha em televisão e exerce atividades docentes no ensino desse veículo, creio que é possível identificar os pontos positivos e aproximar o curso de Comunicação do mercado profissional de televisão, auxiliando no desenvolvimento dos dois segmentos, da universidade e da empresa. Para isso são necessários:

1 Realização de pesquisas sobre o veículo televisão e, consequentemente, produção de material didático de qualidade sobre os vários assuntos ligados ao meio.
2 Aprimoramento dos métodos de ensino das técnicas de televisão para ajudar a compreender os conceitos do veículo.
3 Identificação e classificação das categorias, dos gêneros e dos formatos dos programas de televisão brasileiros (para ensinar é necessário entender a classificação).

As contribuições para esses três itens vêm a seguir.

Notas bibliográficas

1. Jostein Gaarder, *O mundo de Sofia: romance da história da filosofia*, p. 168.

2. José Marques de Melo, *Para uma leitura crítica da comunicação*, p. 58, citando Theodor Adorno, *Televisión y cultura de masas.*
3. Anamaria Fadul, *Telenovela e demografia.*
4. Ana B. Uribe Alvarado, "La telenovela en la vida familiar cotidiana en México – Las familias y la televisión, una unión inseparable", p. 110-11.
5. Mauro Salles, "O Brasil e a Televisão", p. 18.
6. Brian Rose, TV *genres*, p. 3.
7. Luis E. Potsch de Carvalho Silva. *Estratégia empresarial e estrutura organizacional nas emissoras de TV brasileiras: 1950-1982*, p. 395.
8. Conrad Phillip Kottak, *Prime-time society. An anthropological analysis of television and culture*, p. 42.
9. Mauro Wilton Sousa, *Telenovela brasileira na Europa: uma internacionalização em processo.*
10. Robert L. Hilliard, *Television station – Operations and management.*
11. Manual do Radialista.
12. Alan Wurtzel, *Television production*, p. 8.

Por que entender categorias, gêneros e formatos

[...] se vocês estão preparando os alunos apenas para o trabalho de produção em televisão, vocês os estão preparando para o desemprego.

Ralph Baruch,
executivo da TV americana, sobre o vasto campo de trabalho que não é enfocado pelos cursos de televisão.

No Brasil, o ensino de qualquer assunto que envolva de alguma forma tecnologia e informática traz dificuldades iniciais devido, principalmente, à total falta de conhecimentos elementares sobre esses assuntos. O país ainda tem problemas primários na área da educação e, no entanto, a "cultura tecnológica" está se tornando cotidiana.[1]

Desde sua invenção até hoje, televisão é sinônimo de tecnologia, por mais que se reconheça a popularidade do veículo. A televisão acelerou o desenvolvimento tecnológico da indústria de equipamentos de transmissão de sinais e de dados – novos materiais condutores, como a fibra ótica; microssistemas de captação, como os micro-ondas; microfones sem fio; satélites; imagem digital; e meios de comunicação virtual.

O estudo do gênero dos programas exige a compreensão do desenvolvimento da televisão sob vários aspectos, inclusive o tecnológico. A identificação dos recursos para produção de um gênero permite escolher a tecnologia de áudio, os efeitos especiais no vídeo, o uso de equipamentos, enfim, as aplicações técnicas adequadas às várias produções, em canais diferentes. Com as informações sobre o desenvolvimento histórico de cada gênero, com a abordagem conceitual e técnica dos recursos utilizados e também com os resultados alcançados no vídeo, chega-se a um perfil da produção em televisão, para compreender melhor o planejamento, a organização, a criação e a implantação de programas.

Essa visão é compartilhada por Len Masterman. Para ele, "a concepção do gênero é muito útil para introduzir os alunos mais cedo nos estudos de televisão. Sem ela, é difícil dar qualquer tipo de ordenamento aos estudos de programas de televisão"[2]. Identificando o gênero, o aluno poderá fazer, sozinho, as generalizações úteis para ele. Reconhecerá prontamente a maioria dos programas, seu significado iconológico e as possíveis categorias.

A necessidade de métodos de ensino de televisão tem razões filosóficas e semânticas. Masterman alerta para elas:

> Existe outra razão para atribuir importância particular à discussão dos princípios organizacionais e metodológicos. Pelo fato de a própria educação ser tema que atrai grande atenção da televisão, as premissas e alternativas educacionais têm inevitavelmente alguma importância ao se estudar o meio. O professor descobrirá constantemente que as percepções da mídia não passam de transformações de análises educacionais anteriores.[3]

Deve-se buscar excelência no ensino nas diversas áreas do conhecimento, em cada etapa da formação técnica e intelectual do aluno, o futuro profissional.[4] Diante da consolidação do papel da universidade na formação do profissional de televisão, para atingir os objetivos do ensino das técnicas de produção, esta pesquisa aponta os caminhos da televisão brasileira com um estudo sistematizado da programação da TV e da identificação das categorias, dos gêneros e dos formatos dos programas das redes nacionais. Com isso, oferece informações que permitem caracterizar e desenvolver uma produção televisiva acadêmica com base em elementos empíricos, porém facilmente identificáveis nos programas da TV. Dessa perspectiva, traçamos três objetivos:

1 Identificar as categorias, os gêneros e os formatos dos programas da TV brasileira, por meio de um estudo da programação das sete redes que transmitem para o Brasil por satélite sem codificação e retransmitem a programação para a região da

grande São Paulo em canal aberto VHF: Rede Cultura (Cultura), Sistema Brasileiro de Televisão (SBT), Rede Globo de Televisão (Globo), Rede Record (Record), Rede TV! (ex-Manchete), Rede Gazeta (Gazeta), Rede Bandeirantes de Televisão (Band)*.

2 Oferecer aos profissionais, professores e alunos envolvidos nas várias fases de produção de programas de TV um panorama das características dos programas e dos objetivos de cada gênero.

3 Identificar os elementos e as etapas de produção de TV que caracterizam cada formato de programa.

Só se pode identificar e classificar os programas pela análise da grade de programação de cada emissora. Seguindo conceitos históricos e trabalhos realizados por outros pesquisadores sobre as categorias, os gêneros e os formatos dos programas, pretendo chegar a um perfil da programação da televisão brasileira.

Um fator que dificultou a pesquisa foi a inexistência de uma bibliografia brasileira a respeito dos gêneros televisivos e seus conceitos históricos, do ponto de vista da programação das redes nacionais. Os textos brasileiros estão dispersos em vários temas tratados em trabalhos isolados. Não encontrei obra que se aproximasse de *TV genres*, de Brian Rose, ou de *American television genres*, de Stuart Kaminsky, ambos americanos.

Essa dificuldade provocou alguns entraves, relatados no decorrer do livro e identificáveis pela falta de profundidade na classificação histórica.

A bibliografia geral sobre televisão escrita por profissionais que atuam ou atuaram no meio também não aborda todas as fases de produção de programas. Há várias obras que contribuem significativamente para o ensino de produção de programas de

* Entre parênteses estão os nomes divulgados pelas logomarcas das redes, que utilizo nas próximas citações.

rádio e televisão, como as de Comparato, Stasheff, Nassar, Sampaio, Squirra, Paternostro e, recentemente, obras mais completas, como as de Bonásio e Rezende, sobre televisão e telejornalismo, e Barbosa Filho, sobre rádio, entre outros que relatam suas experiências em livros e oferecem ao professor e aos alunos uma abordagem do *fazer televisão* (veja as obras na bibliografia).

Notas bibliográficas

1. Rabah Benakouche, *A informática e o Brasil*, p. 14.
2. Len Masterman, *Teaching about television*, p. 23.
3. *Ibidem*, p. 26-7.
4. Cosete Ramos, *Excelência na educação*.

Como identificar o tempero da salada dos gêneros

Para traçar um perfil da programação e oferecer uma visão abrangente de todas as emissoras e suas produções, apresento a pesquisa da grade horária da programação das sete redes nacionais de TV aberta mencionadas, com base na terceira semana do mês de outubro de 1996 (14 a 20 de outubro).

Essa mesma metodologia de análise de programação foi utilizada por Fadul, que procurou

> encontrar uma semana que estivesse o mais próximo possível de uma semana normal na programação, evitando os períodos de eleições que alteram a programação. Ou outros eventos especiais que mudaram a programação de duas emissoras, por exemplo, a visita do papa. [...] foram analisados [...] o número de horas e a porcentagem de toda a programação que cada emissora dedica ao entretenimento, notícias e produções especiais.[1]

Marques de Melo[2] e Caparelli[3] apresentam uma metodologia de análise da programação em horas semanais e porcentagem, separando as categorias e os gêneros dos programas de uma semana de 1978, em pesquisa realizada pela Associação Brasileira das Emissoras Públicas, Educativas e Culturais (Abepec).

O trabalho de Marques de Melo também foi utilizado como metodologia de análise da programação durante o período de 1965-1995, efetuada por um grupo de pesquisadores de São

Paulo, com o propósito de verificar as tendências dos gêneros da televisão.[4] Durante uma semana (sempre a terceira semana de março), a cada cinco anos, foi analisada a programação, tendo como fonte primária o jornal *O Estado de S. Paulo*.

Com base na metodologia aplicada por outros pesquisadores em trabalhos sobre televisão, as etapas desta pesquisa ficaram assim estruturadas:

1 Pesquisa da grade de programação diária de sete redes (Cultura, SBT, Globo, Record, Manchete [atual Rede TV!], Gazeta e Band) durante a terceira semana de outubro de 1996, tendo por base o boletim de programação distribuído pelas emissoras e o jornal *O Estado de S. Paulo*.
2 Montagem da grade horária das emissoras pesquisadas e identificação dos gêneros dos programas distribuídos por horário, conforme o boletim de programação.
3 Classificação dos gêneros por emissora e identificação das principais características de cada gênero e de seus formatos.

Os resultados da pesquisa baseiam-se em informações que compõem o seguinte triângulo teórico:

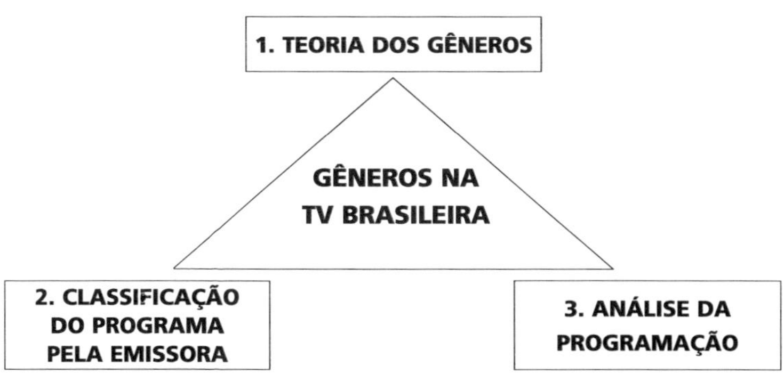

Como mostra o desenho acima, esta pesquisa aborda: 1) as teorias dos gêneros dos programas, segundo a bibliografia especializada; 2) as indicações dos gêneros classificados pelas próprias emissoras; 3) a análise do tempo dedicado a cada gênero por emissora.

Suplementos de televisão de jornais e matérias especializadas de revistas e periódicos também serviram para identificar os gêneros dos programas levados ao ar no período citado. Teses e pesquisas não publicadas, além do banco de dados da Escola de Comunicação e Artes da Universidade de São Paulo, contribuíram no levantamento dos dados necessários para compor o quadro da programação das TVS, assim como pesquisa no CD-ROM IBICT, um catálogo com o banco de teses, e a relação de trabalhos da produção acadêmica sobre TV em 1996.

No decorrer do livro são apresentadas várias classificações de categorias e gêneros para programas semelhantes. Nesse aspecto, uma hipótese deste trabalho é a de que a classificação dos gêneros dos programas de televisão no Brasil não acompanha um padrão internacional e é flexível, conforme os interesses de cada rede – o que leva a concluir que a definição dada pelas emissoras tem como objetivo principal atrair o telespectador, em vez de se restringir à essência do gênero.

Notas Bibliográficas

1. Anamaria Fadul, *The radio and television environment in Brazil*, p. 58 e p. 64.
2. José Marques de Melo, *Para uma leitura crítica da comunicação.*
3. Sérgio Caparelli, *Televisão e capitalismo no Brasil.*
4. Sandra Reimão (coord.), *Em instantes – Notas sobre a programação da TV brasileira (1965-1995).*

Capítulo I
Definições

CATEGORIA

Costumamos ordenar tudo que existe em diferentes grupos ou categorias: animais, vegetais, veículos automotores, eletrodomésticos etc., como se os colocássemos em gavetas diferentes. A classificação por categorias é o princípio da lógica de Aristóteles[1]. Buscando outros exemplos, Lúcia Santaella mostra inspiração fenomenológica para classificar as linguagens em três categorias de primeiridade (sonora), secundidade (visual) e terceiridade (verbal)[2].

A separação dos programas de televisão em categorias atende à necessidade de classificar os gêneros correspondentes. Por isso, a categoria abrange vários gêneros e é capaz de classificar um número bastante diversificado de elementos que se constituem, na concepção de Martín-Barbero, no elo que une o espaço da produção, os anseios dos produtores culturais e os desejos do público receptor[3].

A divisão dos programas em categorias inicia o *processo* de identificação do produto, seguindo o conceito industrial assumido pelo mercado de produção. Nessa linha, temos como definição os estudos de John Hartley:

> Como exemplo da industrialização da construção de sentido, a televisão pode ser então utilizada para explorar tópicos mais amplos, que remetem

> seus aspectos culturais a questões de poder. Por exemplo, categorias como classe, nação e gênero são não apenas sociopolíticas, mas também plenas de significado; a TV é um dos mecanismos para tornar as próprias categorias, bem como as relações dentro delas e entre elas, igualmente significativas (e, portanto, tão verdadeiras – "existindo de fato") para aqueles que vivem em meio a tais categorizações.[4]

A identificação das categorias dos programas segue a natureza e as funções da televisão conforme apresentadas por Masterman, que aponta as primeiras dificuldades de abordagem do tema no ensino de televisão.

> Uma das três funções clássicas da televisão é instruir, e a natureza da instrução televisiva, bem como os problemas semânticos e filosóficos relativos a possíveis definições de *instrução, entretenimento* e *informação*, desempenhará importante papel na maioria dos cursos na TV.[5]

Este trabalho pesquisa a classificação dos programas sob a ótica das emissoras. No manual de produção de programas da British Broadcasting Corporation (BBC), da Grã-Bretanha, encontra-se uma explicação sobre a categorização dos programas, que deixa claros os motivos que levam à padronização:

> Os programas devem:
> 1. Entreter
> 2. Informar
>
> O entretenimento é necessário para toda e qualquer ideia de produção, sem exceções. Todo programa deve entreter, senão não haverá audiência. Entreter não significa somente vamos sorrir e cantar. Pode ser interessar, surpreender, divertir, chocar, estimular ou desafiar a audiência, mas despertando sua vontade de assistir. Isso é entretenimento.
>
> Programas com o propósito de informar são necessários em qualquer produção, exceto naquela dirigida inteiramente para o entretenimento (balés, humorísticos, videoclipes etc.). Informar significa possibilitar que a

> pessoa, no final da exibição, saiba um pouco mais do que sabia no começo do programa a respeito de determinado assunto.[6]

Em suma, qualquer que seja a categoria de um programa de televisão, ele *deve sempre entreter* e *pode também informar*. Pode ser informativo, mas deve também ser de entretenimento.

Três categorias de programas de televisão são identificadas pela pesquisa da Abepec e definidas por Marques de Melo, que realizou tal pesquisa em conjunto com outros profissinais. Ela apresenta a seguinte classificação e os respectivos resultados:

> A televisão brasileira é quase exclusivamente um veículo de *entretenimento*. Para cada 10 horas de programas exibidos, 8 se classificam nessa *categoria*. Complementarmente, ela dedica 1 hora a programas *informativos* (jornalísticos) e 1 hora a programas *educativos* ou especiais.[7]

Seguindo essa classificação, existem, portanto, três categorias que abrangem a maioria dos gêneros: *entretenimento*, *informativo* e *educativo*. Uma quarta categoria, tratada na mesma pesquisa como "especiais", suscita controvérsia quanto ao significado na própria programação. A pesquisa classifica na categoria "especiais" os programas infantis, de religião, de minorias étnicas, agrícolas e outros[8].

No Brasil, os "especiais" são produções exclusivas e inéditas apresentadas pelas emissoras como programas diferenciados, que podem ser de vários gêneros. Musicais, minisséries e entrevistas são algumas dessas produções chamadas "especiais" pelas redes brasileiras.

As outras produções que, a princípio, não se encaixam nas três categorias definidas (entretenimento, informativo e educativo) serão definidas neste trabalho como *outras*, até que se identifiquem as características que acabam surgindo no processo de produção. Alguns exemplos desses outros gêneros são: religioso, político, *teleshopping* e alguns que serão identificados na própria programação da TV brasileira.

O processo de classificação dos programas não impede a inter-relação de categorias, como sugere Arvind Singhal. Há uma classificação informal para identificação dos objetivos dos programas que relacionam as características de entretenimento às de educativo:

> Nos últimos anos, em alguns países as emissoras perceberam que a televisão educativa e a de entretenimento não são necessariamente incompatíveis. Cada vez mais, os formatos de entretenimento, tais como seriados, clipes de música e programas de jogos, estão sendo utilizados para transmitir à audiência mensagens educativas. Essa inovadora estratégia de mídia é denominada entretenimento-educação e definida como inserção de conteúdo educativo em mensagens de entretenimento com o intuito de ampliar o conhecimento de um assunto ou tópico. O gênero da telenovela (literalmente, "novela televisiva") despontou como uma das maiores linhas de entretenimento-educação nos países em desenvolvimento.[9]

Aproveitando o sucesso de alguns gêneros, os estudos de Singhal apontam os resultados que podem ser obtidos com o inter-relacionamento de categorias, tendo as novelas como exemplo:

> *Formulando a estratégia de entretenimento-educação para telenovelas:* Inspirado pela audiência e pelo sucesso educacional de *Simplemente María*, Miguel Sabido, um criativo autor-produtor-diretor da Televisa (o sistema de televisão nacional mexicano), criou uma metodologia para produzir telenovelas de entretenimento-educação. Essa metodologia inclui um conjunto formal, e passível de reprodução, de técnicas de planejamento e produção para a criação de mensagens persuasivas.[10]

Outras formas de classificação da programação da televisão aparecem em estudos de Freccero. Sua classificação divide a televisão europeia em três categorias:

> Hoje, na Europa, fazendo uma referência sobretudo à realidade italiana e francesa, temos visto um sistema misto de três modelos de televisão: 1) a TV "generalista"; 2) a TV complementar; 3) a TV temática.[11]

Nessa classificação, a TV "generalista" é também vista como programação da família, a que todos podem assistir juntos, em um único televisor na casa. A TV complementar dirige sua programação a um público específico, jovem e metropolitano, promovendo uma identidade globalizada. A TV temática é a televisão especializada em assuntos específicos.[12]

GÊNEROS: UMA ABORDAGEM TEÓRICA

A definição epistemológica de gênero oferece o princípio para o estudo dos gêneros da televisão. O dicionário *Aurélio* apresenta definições básicas que permitem uma iniciação aos conceitos e identificam "gênero" como:

> Conjunto de espécies que apresentam certo número de caracteres comuns convencionalmente estabelecidos. Qualquer agrupamento de indivíduos, objetos, fatos, ideias, com caracteres comuns. Classe ou categoria de assunto ou de técnica. O que distingue as obras de uma época ou de uma escola.[13]

Nessa identificação, pode-se assimilar o princípio de que os programas de televisão formam um "conjunto de espécies que apresentam certo número de caracteres comuns", tal como aponta o dicionário na descrição epistemológica de gênero.

Ellmore apresenta sua definição especializada de gênero nos meios de comunicação:

> Grupo distinto ou tipo de filme e programa de televisão, categorizados por estilo, forma, proposta e outros aspectos. Os exemplos abrangem faroeste, gângster, documentário, comédia e novela.[14]

Os estudos dos gêneros da televisão elaborados por Kaminsky abordam inicialmente a origem da palavra e a associam imediatamente à categoria, conforme abordado anteriormente. Para o autor, gênero e categoria devem fazer parte da mesma análise:

> A própria palavra *gênero* significa simplesmente ordem. [...] No entanto, as questões básicas são: Que *categorias* existem para se ordenar? Como chegaram aí? Quais são as relações entre as várias categorias? O que essas categorias significam? No livro *A ordem das coisas*, o filósofo Michel Foucault afirma que há diversas maneiras básicas de encarar a ordem e que precisamos estar conscientes dos métodos que escolhemos.[15]

Se para Kaminsky a palavra *gênero* significa simplesmente *ordem*, Foucault apresenta uma visão contundente do seu princípio de "ordem". Nos capítulos seguintes, as abordagens de Focault serão levadas em consideração, especialmente no que dizem respeito ao contexto cultural que influencia a "ordem" que tentamos dar aos gêneros da televisão. Focault afirma que:

> A terceira crença acerca da ordem é que ela é arbitrária. Relações percebidas são criadas pelo observador e podem ou não ser compartilhadas por outros. Elas não estão claramente no objeto. O quarto modelo básico de Foucault de como se pode encarar ordem baseia-se nas crenças de que algumas percepções são compartilhadas, e que gênero e ordem existem como verdades culturais.[16]

Nessas observações, pode-se verificar que os estudos sobre gêneros devem ser relacionados com aspectos históricos e culturais. Consequentemente, eles podem ou não ser influenciados pelas considerações do observador e de seus pares.

Para Campbell e Jamieson, "um gênero é composto de uma miríade de formas reconhecidas, agrupadas numa dinâmica interna"[17].

ARTE E COMUNICAÇÃO

O estudo do gênero em um veículo de comunicação que utiliza as artes para o próprio desenvolvimento aproxima a televisão dos elementos artísticos utilizados na criação de um programa. Os roteiros ficcionais, vários advindos de obras clássicas, e os programas que tentam aproximar-se do cinema ou do teatro são exemplos do estreito relacionamento da TV com as artes – literatura, artes plásticas, artes cênicas e música. Por isso, torna-se necessário reconhecer os aspectos que influenciam a classificação dos gêneros em algumas manifestações artísticas.

No campo da literatura, Sílvia Borelli afirma:

> [...] a noção de gênero como agrupamento ou filiação de obras literárias a uma classe ou espécie, subordinadas por sua vez a artifícios e convenções estéticas, divide opiniões. Para alguns autores esta normatização ou classificação – que para outros se justifica como resposta a uma perspectiva de busca da universalidade literária – implicaria o risco do enquadramento rígido da obra em modelos e regras nem sempre flexíveis.[18]

Vários estudos aceitam que a classificação dos gêneros nas artes é bastante flexível e depende das características e manifestações artísticas. A classificação do gênero artístico é feita de acordo com fatores mutáveis, de público e de espaço na história. Apesar disso, Todorov ainda apresenta outra consideração, numa tentativa de enraizar os gêneros literários, afirmando que

> disporíamos de uma noção cômoda e operante se conviéssemos em chamar de gêneros apenas as classes de textos que foram percebidas como tais no decorrer da história [...]. Os gêneros existem como instituição, verdadeiros modelos de expectativa e de escritura [...].[19]

Quanto aos gêneros na comunicação, temos múltiplas abordagens que nos remetem a tentativas de conceitos universalistas, tais como

> os gêneros são sistemas de regras aos quais se faz referência – de modo explícito e/ou implícito – para realizar o processo comunicativo: tal referência se justifica seja do ponto de vista da produção do texto (de qualquer natureza), seja do ponto de vista de sua própria fruição [...].[20]

A identificação dos agentes capazes de alterar a classificação do gênero é entendida por diversos pesquisadores em função do processo de formação de um gênero. Barbosa Filho define os gêneros da área de comunicação como unidades de informação que, estruturadas de acordo com seus agentes, estipulam a forma de apresentação do conteúdo acompanhando o momento histórico da produção da mensagem.[21]

Os gêneros podem, portanto, ser entendidos como *estratégias de comunicabilidade*, *fatos culturais* e *modelos dinâmicos*, articulados com as dimensões históricas de seu espaço de produção e apropriação, na visão de Martín-Barbero. Congregam em uma mesma matriz cultural referenciais comuns tanto a emissores e produtores como ao público receptor. Somos capazes de *reconhecer* este ou aquele gênero, falar de suas especificidades, mesmo ignorando as regras de sua produção, escritura e funcionamento. A familiaridade se torna possível porque os gêneros acionam mecanismos de recomposição da memória e do imaginário coletivos de diferentes grupos sociais.[22]

DEFINIÇÃO DE FORMATO

As formas são as características das coisas.
Aristóteles

A classificação de categoria e gêneros em televisão vem sempre acompanhada de um conceito com poucas referências científicas: trata-se do termo *formato*, tido como jargão no mercado de produção, mas não reconhecido ou sistematizado em obras científicas que abordam o tema. Ao gênero de um programa associa-se diretamente um formato. Busquei na filosofia o significado de *formato* para explicar esse aspecto fundamental de um programa de televisão:

> Aristóteles constatou que a realidade consiste em várias coisas isoladas, que representam uma unidade de forma e substância. A substância é o material de que a coisa se compõe, ao passo que a forma são as características peculiares da coisa.[23]

No caso dos programas de TV, a "forma" é a característica que ajuda a definir o gênero. "A forma de uma coisa, portanto, diz tanto sobre suas possibilidades quanto sobre suas limitações"[24].

Há muita semelhança entre gêneros e formatos na televisão no que se refere ao estudo de gênero no campo da biologia. Assim como na biologia existem *gêneros* e *espécies*, em televisão coexistem os *gêneros* e os *formatos*. Pode-se fazer uma analogia, com as devidas diferenças, entre as espécies da biologia e os formatos da televisão. Na biologia, várias espécies constituem um gênero, e os gêneros agrupados formam uma classe. Em televisão, vários formatos constituem um gênero de programa, e os gêneros agrupados formam uma categoria.

Os exemplos de formato podem ser encontrados em alguns textos científicos e, com mais frequência, também em periódicos. A seguir, são apresentados trechos que podem atestar a popularidade do termo, apesar da falta de referencial teórico para o estabelecimento da nomenclatura:

> *Formato:* as características gerais de um programa de televisão.[25]

> A forma geral de um programa de TV. Os aspectos de um programa de TV.[26]

> O *formato* telenovela tem muitos elementos de produção que podem ser organizados para criar uma resposta desejada do telespectador: melodra-

> ma, caráter das personagens, elenco, diálogos, locações, cenários, propriedades, música, figurino, maquiagem, passos no cenário, planos de câmera, horários e periodicidade, edição e assim por diante.[27]

> É assim que a Rede Manchete (atual Rede TV!), tendo iniciado sua produção com minisséries de 25 a 30 episódios, como *Marquesa de Santos* (1984), *Viver a vida* (1984), *Santa Marta Fabril* (1984), *Tudo em cima* (1985), logo constatou a inviabilidade do projeto dramatúrgico nesse *formato*.[28]

> Desde que adotou um *formato híbrido*, mesclando as entrevistas de estúdio com reportagens externas, *Gente de expressão* (Rede Bandeirantes) ficou mais próximo da estética modernosa adotada pelos programas do núcleo de Guel Arraes na Globo.[29]

Brasil e Estados Unidos transmitem *formatos* similares (ex. *Roletrando*, no SBT, assemelha-se ao *Wheel of fortune*, dos Estados Unidos). Ambos os *formatos* são apresentados com a mesma orientação: um convidado famoso contra outro, ambos formulam perguntas ou pedem ao adversário para fazer algo (ex. *Sexolândia*, no SBT, e *Family feud*, dos Estados Unidos).[30]

O *formato* de um programa pode apresentar-se de maneira combinada, a fim de reunir elementos de vários gêneros e assim possibilitar o surgimento de outros programas. Um exemplo de *formato variado* é apresentado por Kottak:

> Nos domingos à noite, a Globo oferece durante duas horas uma combinação de *show* de variedades e revista noticiosa. Esse programa, o *Fantástico*, regularmente aparece entre os "dez mais" da semana.[31]

Concluímos que o termo *formato* é nomenclatura própria do meio (também utilizada por outros veículos, como o rádio[32]) para identificar a *forma* e o *tipo* da produção de um gênero de programa de televisão. *Formato* está sempre associado a um *gênero*, assim como *gênero* está diretamente ligado a uma *categoria*.

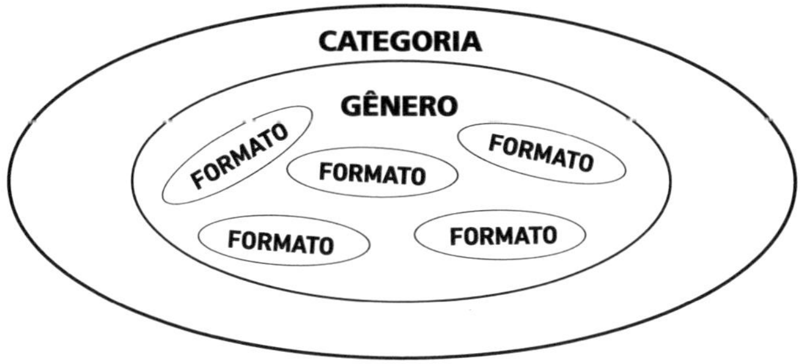

Em um gênero pode haver vários formatos de programa.

O desenvolvimento e a explosão dos formatos de TV no mundo têm sido um fenômeno extraordinário dos últimos anos em nível mundial. A cada dia é maior o número de canais que trocam imediatamente programas que não funcionam por outros mais interessantes, o que provoca uma concorrência feroz entre os formatos. As emissoras de todo o mundo procuram um formato "salvador da pátria" que resolva o problema de audiência em toda a temporada da programação. Os formatos são a base do êxito, mas muitas vezes é difícil distinguir o essencial do secundário, para apontar qual é o motivo do triunfo de um e porque ele é diferente do outro.[33]

NOTAS BIBLIOGRÁFICAS

1. Jostein Gaarder, *O mundo de Sofia: romance da história da filosofia.*
2. Lúcia Santaella. *Matrizes da linguagem e pensamento: sonora, visual e verbal.*
3. Silvia Helena Simões Borelli (org.), *Gêneros ficcionais – Produção e cotidiano na cultura popular de massa*, p. 132.
4. John Hartley. *Tele-ology – Studies in television*, p. 11.
5. Len Masterman, *Teaching about television. The methodology and organisation of TV studies*, p. 27.
6. Harris Watts, *On camera – O curso de produção de filme e vídeo da BBC*, p. 20.
7. José Marques de Melo, *Para uma leitura crítica da comunicação*, p. 79.

8. *Ibidem*, p. 82.
9. Singhal, Rogers e Brown, "Entertainment telenovelas for development: lessons learned", p. 151.
10. *Ibidem*.
11. Carlo Freccero, "La TV senza mito", p. 390.
12. *Ibidem*, p. 391 e 392.
13. Aurélio Buarque de Holanda, *Médio dicionário Aurélio*, p. 852.
14. R. Terry Ellmore, *NTC's mass media dictionary*.
15. Stuart M. Kaminsky, *American television genres*, p. 17.
16. *Ibidem*, p. 19.
17. *Apud* Lawrence A. Wenner e Vande R. Leah Berg, *Television criticism – Approaches and applications*, p. 93.
18. Silvia Helena Simões Borelli (org.), *op. cit.*, p. 130.
19. Tzvetan Todorov, *Os gêneros do discurso*, p. 47.
20. Mauro Wolf, "I generi e mass media", p. 169.
21. André Barbosa Filho, *Gêneros radiofônicos – Os formatos e os programas em áudio*.
22. Jesús Martín-Barbero. *De los medios a las mediaciones*, p. 239-42.
23. Jostein Gaarder, *op. cit.*, p. 124.
24. *Ibidem*, p. 125.
25. R. Terry Ellmore, *op. cit*.
26. Richard Weiner, *Webster's new world dictionary of media and communication*.
27. Anamaria Fadul (ed.), *Serial fiction in TV. The Latin American telenovelas with an annotated bibliography of Brazilian telenovela*, p. 15.
28. Renato Ortiz, Silvia Helena Simões Borelli e José Mario Ortiz Ramos, *Telenovela – História e produção*, p. 113.
29. *Folha de S.Paulo*, suplemento TV Folha, 1 jun. 97, p. 2.
30. Anne Cooper e Regina Silva, *Television game shows in Brazil and the United States*.
31. Conrad Phillip Kottak, *Prime-time society. An anthropological analysis of television and culture*, p. 27.
32. André Barbosa Filho, *op. cit.*, p. 51.
33. Gloria Saló, *Qué es eso del formato? Cómo nace y se desarrolla un programa de televisón*.

Capítulo II
Gêneros e televisão

A VISÃO DO MERCADO

A tentativa de classificar os gêneros da televisão já presume uma padronização de conceitos e de elementos identificáveis, típicos da chamada indústria cultural.* Por outro lado, é importante enfatizar que, se a televisão é considerada parte da *indústria cultural,* com respeito às novelas e outros programas podemos encontrar algumas contradições. Os produtores da televisão mexicana consideram "entretenimento" os programas jornalísticos de conteúdo dramático da televisão comercial, em oposição ou até mesmo como alternativa aos programas "culturais"[1].

Se fizermos tal consideração, essa divisão parece endossar a postura de que cultura equivale a tédio ou dificuldade. Isso se reafirma no comentário do especialista em folhetins televisivos Ernesto Alonso, quando ele diz: "O drama na TV não pode ser considerado gênero cultural, já que é

* "Tudo indica que o termo indústria cultural foi empregado pela primeira vez no livro *Dialektik der Aufkärung*, que Horkheimer e eu publicamos em 1947 em Amsterdã. Em nossos esboços, tratava-se de um problema de cultura de massa. Abandonamos essa última expressão para substituí-la por indústria cultural a fim de excluir de antemão a interpretação que agrada aos advogados da coisa: eles entendem, com efeito, que se trata de algo como uma cultura surgida espontaneamente das próprias massas, em suma, de uma forma contemporânea de arte popular. Ora, desta arte a indústria cultural se distingue radicalmente" (Theodor Adorno, "Indústrias culturais", p. 93).

> definido como entretenimento". Em outras palavras, segundo esse especialista, todos esses programas só redundam em "entretenimento neutro" e "inofensivo". Em relação a tal ponto de vista, é importante lembrar que considerar o entretenimento "inofensivo" ou "neutro" é sofrer de ingenuidade, pois é bastante conhecido o efeito dessas produções televisivas, com alta incidência na esfera do afeto e do desejo.[2]

Deve-se ressaltar que a categoria de um programa de TV nos ajuda a entender o que dizemos de determinado gênero de programa. Geralmente, quando falamos sobre a ideia de gênero, assumimos que as categorias realmente existem e sabemos o que são elas. Por isso, é necessário entender o que é categoria, antes de estudarmos os gêneros na televisão, nas artes ou em outros meios de comunicação.

Os gêneros no cinema, na televisão e na literatura não se expressam de forma pura, sem alterações[3]. Pelo contrário, alguns autores, entre os quais Jane Feuer, afirmam que os gêneros se encontram em constante mudança e redefinição[4].

Por exemplo, Kaminsky afirma que filme *noir* é um termo criado por dois críticos franceses que afirmaram, após a Segunda Guerra Mundial, que os filmes americanos podiam ser vistos de uma forma que ninguém vira antes. Eles apresentaram uma sugestão, escreveram um livro e influenciaram muitas pessoas, que disseram:

> sim, vamos ver esses filmes dessa forma particular. Eles parecem pertencer a categorias genéricas diferentes – alguns deles parecem ser aquilo que alguns chamam de faroeste; outros parecem ser histórias de detetive; para outros parecem ficção científica – mas nós podemos vê-los nesse outro contexto, chamado filme *noir*, que nos transmite algo diferente sobre eles.[5]

Os gêneros têm história. Essa história está ligada ao desenvolvimento de determinada região ou país. Por isso um programa ou *show* de televisão devem ser identificados de acordo com o período histórico da sua produção, para reconhecer os gêneros da sua época.[6]

Não é difícil definir categoria e gênero comparando um filme de *kung-fu* com um musical. Mas, com programas de televisão, precisamos fazer algumas extensões para identificá-los, e mesmo assim a classificação é mais difícil.[7]

O desenvolvimento dos gêneros dos programas de televisão reflete um pouco dos meios que antecedem a tela eletrônica. Marshall McLuhan afirma que o conteúdo de um veículo é o veículo anterior. Dessa forma, a palavra falada seria o conteúdo da palavra escrita, do mesmo modo que o conteúdo do cinema seria o teatro e o conteúdo da televisão seria o cinema.

Os programas mais populares na infância da televisão refletem o débito do novo veículo com o seu antecessor eletrônico. Durante os primeiros três anos da pesquisa de audiência do Nielsen* (que abrangeu o período 1950-1952), os *shows* musicais ou outros formatos do rádio (variedades, antologia dramática ou comédias) dominaram os dez primeiros lugares.[8]

Outros gêneros também criados no rádio, como as *soap operas* (radionovelas), os programas de perguntas e respostas e o noticiário, também foram simplesmente transpostos ou adaptados para a televisão.[9]

TV E PROGRAMAÇÃO

As possibilidades visuais do veículo e suas limitações formam a base para o aproveitamento de fórmulas dos veículos que antecederam à TV. A regravação dos gêneros tradicionais (e a criação eventual de novos gêneros) está associada a um fator muito mais

* Nielsen é um instituto de pesquisa de audiência dos Estados Unidos, semelhante ao Ibope.

importante, que afeta a estrutura básica e a formatação dos programas: o econômico. E o motivo dessa padronização de categorias e gêneros não é desconhecido e pode ser interpretado, mais uma vez, pela ótica de uma indústria que tem seus produtos à venda.

O comprador desses produtos é o mercado publicitário, que precisa identificar um público-alvo e não se dispõe a correr grande risco. "Poucos anunciantes desejam arriscar patrocinar programas não convencionais."[10] As emissoras comerciais precisam atender às necessidades dos anunciantes, ao contrário das educativas, que buscam as necessidades do público. Claudia Macedo, Angela Falcão e Candido Almeida abordam essa dicotomia:

> Se imaginamos, então, que a programação de uma estação ou de uma rede nasce de uma necessidade de atender a um mercado, hoje não podemos fugir dessa realidade em nosso país. No quadro atual da televisão no mundo, verificamos uma diferença fundamental em termos de programação: nos países de televisão estatal, ela é um pouco mais cultural e mais preocupada com o conteúdo; e nos países onde a televisão é comercial, ela é cada vez mais preocupada com a forma e menos com o conteúdo.[11]

A televisão com sinal aberto é chamada nos Estados Unidos de *broadcast*. Nessa modalidade, as redes Cultura, SBT, Globo, Record, Rede TV! (ex-Manchete), CNT/Gazeta e Bandeirantes, em termos de tecnologia, de conceito, de conteúdo e de estratégia de comunicação, fazem o chamado *broadcast*, porque têm *uma programação dirigida* para toda a população brasileira e a característica de fazer um corte vertical por todas as categorias sociais brasileiras, que faz a programação ser vista e assimilada perfeitamente da classe AA à classe DD.[12]

Se por um lado as emissoras com sinal aberto tentam aproximar-se de todo tipo de público, "produto, comercial e emissora não podem ser incompatíveis. A personalidade dos três deve combinar, integrar-se".[13] A combinação dos elementos programa-intervalo e comercial-emissora cria a identidade das redes. Um gênero determinado atrai certo tipo de patrocinador e forma a característica da rede. Por isso se identifica a programação com a emissora. A Record ficou conhecida pelas séries; o SBT, pelos programas de auditório; a Band, pelo esporte; a Globo, pelas novelas; a Cultura, pelos programas infantis.

O publicitário Mauro Salles identifica esse conceito de identidade emissora-programa:

> O SBT, do Sílvio Santos, já se consolida em segundo lugar, com uma programação popular. A Manchete (atual Rede TV!) e a Bandeirantes também estão avançando, e esta luta é mais clara em alguns momentos em que a outrora imbatível emissora do Jardim Botânico [a Globo] chega a perder o primeiro lugar em outro horário.[14]

Cada emissora tem sua personalidade e cada programa, seu *status*, seu poder maior ou menor de prender a atenção. A pesquisa "Olhos na TV", da agência Lintas, mostrou claramente que "os programas de maior agrado tendem a prender mais a atenção do telespectador durante o intervalo comercial".[15]

O QUE É PROGRAMAÇÃO

TV não é programa, é programação.
Walter Clark, executivo da televisão brasileira

A frase de Walter Clark, um dos executivos de maior sucesso da TV brasileira, é a melhor expressão da filosofia seguida pelas grandes redes que planejam o horário dos seus programas levando em conta a preferência do público pelos gêneros transmitidos em determinados períodos do dia. A estratégia de programação de cada emissora adota critérios que promovem a divisão do mercado e "tem se baseado na classe social dos telespectadores, o que, supostamente, indica uma série de padrões de consumo e gostos relacionados com a programação".[16]

Programação é o conjunto de programas transmitidos por uma rede de televisão. O principal elemento da programação é o horário de transmissão de cada programa. Um dos conceitos criados pelas redes é chamado *horizontalidade da programação*, enfocado por Ortiz, que busca uma explicação nas novelas:

> A forma narrativa herdada do folhetim melodramático é fundamental, na fase inicial da telenovela diária, pelas reações que provoca no público. Ela cria o hábito de acompanhar a trama cotidiana, facilitando a implementação da horizontalidade da programação.[17]

O diretor de programas Walter Avancini apresenta a horizontalidade como característica da televisão brasileira por questões econômicas, diferentemente de outros países:

> A novela é um tipo de programação horizontal que condiciona o telespectador, e isso só é viável em sociedades de baixa renda, em países subdesenvolvidos, onde o povo não tem condições de optar por outras formas de entretenimento. Para o europeu ou o americano, existe uma diversidade de opções, pois há uma possibilidade de renda muito grande. Nos Estados Unidos, a novela não existe nos horários nobres, ou seja, das seis da tarde em diante, porque o público não quer se condicionar à obrigação de voltar a vê-la naquele mesmo horário. Mas existe a novela nas televisões de língua espanhola que pegam a massa de baixa renda americana, que são os porto-riquenhos, os cubanos que imigraram. Neste caso, a novela passa no horário nobre, porque é uma massa sem poder aquisitivo, para a qual só resta a televisão como divertimento. Então eles ficam disponíveis para a novela. No Brasil, enquanto tivermos essa situação, a novela vai prevalecer no horário nobre como o produto mais importante de comunicação, porque a grande maioria dos espectadores fica disponível para essa chamada *programação horizontal* – a telenovela. Até quando, nem Deus sabe.[18]

A programação horizontal significa, em resumo, a estratégia utilizada pelas emissoras para estipular um horário fixo para determinado gênero todos os dias da semana, com o objetivo de criar no telespectador o hábito de assistir ao mesmo programa nesse horário. Diferentemente das emissoras abertas, as TVs por assinatura adotam uma grade de programação *diagonal* e *vertical*, ou seja, os programas mudam de horário durante a semana e são reprisados, para ter audiência em vários horários.

Para determinar o horário de transmissão do programa, as emissoras baseiam-se nos índices de audiência. O critério de identificação do melhor horário passou por várias fases, como conta Furtado. Para ele,

> a programação em televisão começou a ser feita sem que houvesse um registro prévio do que o público queria, do que se podia ou se devia fazer. Não existia nenhum tipo de pesquisa científica, e a programação foi surgindo através da experimentação [...]. A programação é, cada vez mais, ditadora de moda de uma nota só. Hoje, com a programação de rede, nem sempre mandamos o melhor para os diversos núcleos regionais do Brasil. Foi o satélite que alterou isso, criando um novo conceito. Uma vez em rede, a programação passou a ter uma preocupação maior com o ecletismo. [...] No surgimento da televisão, quando ela não era baseada em pesquisa científica, a programação, mais especificamente a da TV Tupi, voltava-se para o grande teatro, os programas infantis e os filmes. Apareceram peças teatrais com o *Grande teatro Tupi* e os programas infantis como o *Teatrinho Trol*, que foram as primeiras experiências das futuras grandes novelas.[19]

A economia é imprescindível hoje em dia para entender o funcionamento da televisão, desde a produção de programas até as estratégias de programação e de *marketing*.[20] Atualmente, as emissoras comerciais baseiam-se nos dados de audiência para decidir a programação de um gênero em determinado horário. O principal fornecedor dessas informações é o Ibope (Instituto Brasileiro de Opinião Pública e Estatística), que trabalha com pesquisa de mercado. O Ibope estima o número de aparelhos de TV ligados em um canal no mesmo horário.*

Além da audiência, fatores históricos, sociais e culturais da emissora também influenciam a estratégia da programação. É o que aborda Petraglia ao comentar os aspectos paralelos levados em conta pelas redes brasileiras:

> Uma programação é consequência de alguns pontos básicos: a) em primeiro lugar, o tipo de veículo, se a televisão é estatal ou privada; b) o fato de ser a televisão uma concessão dada pelo governo; c) se é uma televisão nacional ou apenas uma concessão local; d) a disponibilidade de meios econômicos e de produção compatíveis para a realização da programação estabelecida. [...] A primeira pergunta que surge quando se vai fazer uma programação é: o produto determina a programação para o público ou deve-se partir do público para determinar a programação? Em outras palavras: quem manda mais, o público ou a produção? Sem dúvida é o público, não posso fazer uma programação se não for a partir do público. Especialmente num país onde existe uma grande diversificação de públicos, de desenvolvimentos pessoais, culturais, religiosos, econômicos e emocionais em vários níveis.[21]

Além dos fatores ligados à audiência e ao público-alvo, outra razão muito importante para a programação de uma rede é a de que um programa ou o conjunto de programas constrói a imagem da própria emissora de televisão.[22] O aumento do número de programas de determinado gênero na mesma emissora promove uma imagem que torna a rede conhecida pelo público quando este escolhe seus programas favoritos.

---

* "O Ibope [...] é o mais importante instituto de pesquisa, com papel histórico equivalente ao do Gallup ou do Nielsen nos EUA [...]. Avalia-se o sucesso de um programa pelo seu "ibope" – o número estimado de televisores ligados em determinado canal naquele horário" (Conrad Phillip Kottak, *Prime-time society. An anthropological analysis of television and culture*, p. 23).

As novelas, por exemplo, já tornaram a Rede Globo conhecida internacionalmente.[23] Quando se fala em musicais no Brasil, a Rede Record é referência obrigatória por ter investido nesse gênero no passado.* Silvio Santos faz do SBT o canal conhecido pelos programas de auditório, devido às suas características históricas e pessoais.[24]

O conjunto de programas de uma rede é distribuído durante o tempo em que ela permanece no ar semanalmente. Para orientar o telespectador, cada rede elabora o que se chama de programação, num plano conhecido como grade horária.

O QUE É GRADE HORÁRIA

Apesar dos avanços tecnológicos, as redes de televisão aberta não permitem que o telespectador escolha o horário de sua preferência para assistir a seu programa predileto. Com a chegada da TV digital, isso talvez mude e o telespectador poderá montar sua grade de programação. Atualmente, o horário é predefinido pelas emissoras, que divulgam a programação nos jornais e também nos intervalos dos programas. Esse aspecto foi criticado por um dos magos da programação em televisão, Walter Clark, que aborda o assunto em depoimento:

> A televisão não é alternativa. Ela é tirana, o que é muito ruim. Ninguém assiste ao telejornal na hora que quer, a não ser uma camada específica que tem seu videocassete. Todos nós assistimos àquilo que o "gênio de plantão" decide – "gênio de plantão" é o nome que dou àquele sujeito que manda na programação das televisões; função que até já exerci. Então, o telejornal tem que ser assistido às oito horas, o que às vezes se

* "A partir de meados de 1965, a Record deu início à linha de programação com a qual reconquistou a audiência (por algum tempo) e marcou a história da TV brasileira – os programas de música" (Sandra Reimão, (coord.), *Em instantes – Notas sobre a programação na TV brasileira (1965-1995)*, p. 28).

> baseia em pesquisa ou até mesmo em equívocos que permanecem por mais de dez anos. Podemos verificar, por exemplo, que o *Jornal Nacional*, aos sábados, vai ao ar um pouco mais tarde. Isso vem do tempo em que Chacrinha saiu da TV Globo e, como nessa época ele tinha luz própria, começou a fazer um programa na TV Tupi às 9h15 da noite. Com isso, havia a necessidade de se esticar a novela para "comer a perna" do programa do Chacrinha na entrada. O Chacrinha já deixou a Tupi, já foi para a TV Bandeirantes, para a TV Record, já voltou para a TV Globo, teve um programa aos sábados num horário bem antes do telejornal, mas, mesmo assim, aquele horário não foi alterado.[25]

A distribuição dos programas em horários planejados e previamente divulgados pela emissora, desde o início da programação até o encerramento das transmissões, cria um plano conhecido como *grade horária* semanal. A grade horária de uma emissora é resultado das pesquisas de audiência e da estratégia de cada rede. Sua elaboração gráfica permite a visualização da programação semanal num único quadro (veja quadro nas págs. 60-1).

O estabelecimento de determinados horários para um gênero na grade horária da programação brasileira pode ser diferente em outros países por motivos socioeconômicos, políticos e culturais. Os objetivos de cada emissora variam de acordo com a cultura do telespectador, seus costumes e expectativas. O lugar de uma novela na grade horária pode variar da noite para a manhã, de acordo com a região ou país no qual a rede está situada. Obradovié exemplifica isso com as novelas, que, depois de compradas, foram exibidas em outros países em horários diferentes da grade horária brasileira:

> As telenovelas brasileiras não vão ao ar na Iugoslávia no horário nobre, ou seja, entre 19 e 22h nos dias da semana, conforme dados do Centro de Pesquisas da TV Belgrado. Nenhuma novela brasileira foi transmitida nesse horário. Por exemplo, a série *Lampião* foi transmitida pelo Canal 1 da TV Belgrado aos sábados, às 16h15. A série *Malu* foi levada ao ar às 21h05 dos domingos.[26]

O exemplo utilizado diz respeito a uma emissora de outro continente que adota uma estratégia diferente das redes brasileiras. É uma visão oposta à realidade da grade horária brasileira, que merece ser comparada:

> A programação [das novelas] *Isaura* e *Sinhá Moça*: examinando a estratégia de programação, fica claro que a BRT [emissora iugoslava] levou ao ar as telenovelas com certa reserva. Raramente encontram-se emissões que conheceram tal mobilidade na programação: foram utilizadas para preencher vazios e depois deslocadas para outros horários para permitir a apresentação de novas emissões. É possível que a BRT tenha desprezado a continuidade da programação, regra básica para atrair o público e criar a audiência. A principal razão desse fato é provavelmente a prioridade dada às produções do próprio canal.[27]

As redes brasileiras modelaram sua grade horária há décadas. Poucas mudanças ocorreram, e o horário nobre, das 19 às 22 horas, continua sendo a faixa de maior valor comercial para a veiculação de publicidade. Há uma concentração de produções nacionais que atraíram o público e criaram o hábito de assistir a determinados gêneros nesse horário, conforme exemplifica Borelli:

> [...] constatamos que em 1963 a audiência das telenovelas diárias fica ao redor de 13%, perdendo em muito para filmes, programação humorística e telejornalismo, que ultrapassam a casa dos 30% [...] podemos também constatar a alteração na distribuição da programação. O horário entre 19h e 20h30, antes preenchido prioritariamente com filmes e telejornalismo, passa a ser ocupado quase que inteiramente pelas novelas, já então suficientemente valorizadas para se fixarem na faixa *prime-time*.[28]

A grade horária desenvolvida pelas redes teve momentos de experimentação, até que fosse estabelecido o padrão atual conhecido pelos telespectadores, o que propicia a memorização dos

GRADE DE PROGRAMAÇÃO – TV AR – SEMANA DE 17 A 23 DE MAIO DE 2004

<table>
<tr><th></th><th>SEGUNDA - 17</th><th>TERÇA - 18</th><th>QUARTA - 19</th><th>QUINTA - 20</th><th>SEXTA- 21</th><th>SÁBADO - 22</th><th>DOMINGO - 23</th></tr>
<tr><td>meia-noite</td><td></td><td rowspan="4">The company (colunismo social)</td><td></td><td rowspan="4">Roteiro turístico (documentário)</td><td rowspan="3">Agitando (entrevista)</td><td></td><td rowspan="4">Só compactos (esportivo)</td></tr>
<tr><td>0:30</td><td></td><td></td><td></td></tr>
<tr><td>1:00</td><td></td><td></td><td></td></tr>
<tr><td>1:30</td><td></td><td></td><td></td><td></td></tr>
<tr><td>2:00</td><td colspan="7" rowspan="6">FILMES</td></tr>
<tr><td>2:30</td></tr>
<tr><td>3:00</td></tr>
<tr><td>3:30</td></tr>
<tr><td>4:00</td></tr>
<tr><td>4:30</td></tr>
<tr><td>5:00</td><td colspan="7" rowspan="2">Oração (religioso)</td></tr>
<tr><td>5:30</td></tr>
<tr><td>6:00</td><td colspan="7" rowspan="3">Teleaulas (educativo)</td></tr>
<tr><td>6:30</td></tr>
<tr><td>7:00</td></tr>
<tr><td>7:30</td><td colspan="6" rowspan="2">Hoje é dia (telejornal)</td><td rowspan="4">Jardim do Éden (entrevista)</td></tr>
<tr><td>8:00</td></tr>
<tr><td>8:30</td><td colspan="6" rowspan="2">Viva vida (esportivo) ginástica</td></tr>
<tr><td>9:00</td></tr>
<tr><td>9:30</td><td colspan="6" rowspan="2">Mulher + (variedades)</td><td rowspan="5">Domingo atlético (esportivo)</td></tr>
<tr><td>10:00</td></tr>
<tr><td>10:30</td><td colspan="6" rowspan="2">TV Crica (infantil)</td></tr>
<tr><td>11:00</td></tr>
<tr><td>11:30</td><td colspan="6">Pato feio (desenho)</td></tr>
</table>

<table>
<tr><th></th><th>SEGUNDA - 17</th><th>TERÇA - 18</th><th>QUARTA - 19</th><th>QUINTA - 20</th><th>SEXTA- 21</th><th>SÁBADO - 22</th><th>DOMINGO - 23</th></tr>
<tr><td>12:00</td><td colspan="6">Bola azul (esportivo)</td><td rowspan="2">Ria muito (humorístico)</td></tr>
<tr><td>12:30</td><td colspan="6">TV gente (telejornal)</td></tr>
<tr><td>13:00</td><td colspan="5" rowspan="3">O mundo (telejornal)</td><td rowspan="3">TV Crica (infantil)</td><td rowspan="3">Família macaco (desenho)</td></tr>
<tr><td>13:30</td></tr>
<tr><td>14:00</td></tr>
<tr><td>14:30</td><td colspan="5" rowspan="3">The big (série)</td><td rowspan="5">Esporte amador (esportivo)</td><td rowspan="6">Tarde quente (game show educativo)</td></tr>
<tr><td>15:00</td></tr>
<tr><td>15:30</td></tr>
<tr><td>16:00</td><td colspan="5" rowspan="3">Festeen (educativo)</td></tr>
<tr><td>16:30</td></tr>
<tr><td>17:00</td><td rowspan="3">Sertão Brasil (musical)</td></tr>
<tr><td>17:30</td><td colspan="5" rowspan="2">Turma do barulho (seriado)</td><td rowspan="4">Tudo de bom (variedades)</td></tr>
<tr><td>18:00</td></tr>
<tr><td>18:30</td><td colspan="5">A morena (novela)</td><td rowspan="2">VidaAdois (série)</td></tr>
<tr><td>19:00</td><td colspan="5">Sete ponto (telejornal)</td></tr>
<tr><td>19:30</td><td colspan="6" rowspan="2">Meu grande pai (novela)</td><td rowspan="3">Reveja (telejornal)</td></tr>
<tr><td>20:00</td></tr>
<tr><td>20:30</td><td colspan="5" rowspan="3">Jornal total (telejornal)</td><td rowspan="3">Bate rebate (game show)</td></tr>
<tr><td>21:00</td><td rowspan="4">Revista vídeo (revista)</td></tr>
<tr><td>21:30</td></tr>
<tr><td>22:00</td><td rowspan="2">Ré maior (musical)</td><td rowspan="2">Ria muito (humorístico)</td><td rowspan="2">Meu boy (seriado)</td><td rowspan="4">Campeonato nacional (esportivo)</td><td rowspan="2">Jogue tudo (game show)</td><td rowspan="4">Sessão quente (filme)</td></tr>
<tr><td>22:30</td></tr>
<tr><td>23:00</td><td rowspan="2">Crítica (debate)</td><td rowspan="2">Imagens (documentário)</td><td rowspan="2">Sensação (esportivo)</td><td rowspan="2">Personal (entrevista)</td><td rowspan="2">Escritores (entrevista)</td></tr>
<tr><td>23:30</td></tr>
</table>

Pode-se observar a estratégia da programação horizontal, de segunda a sexta-feira. No mesmo horário, são exibidos os mesmos programas.

horários da programação. Se, por um lado, isso facilita a vida do telespectador na escolha da programação, por outro já foi fruto de desgosto do mercado editorial brasileiro, que nunca obteve sucesso com publicações do gênero TV *Guia*.

Tentativas frustradas fizeram a editora Abril concluir que esse tipo de guia de programação da TV, comum nos Estados Unidos, era desnecessário no Brasil. Segundo Victor Civita, todos conheciam a grade horária da Rede Globo, líder de audiência, e se baseavam na sua programação para mudar para outros canais.[29]

A estratégia de grade horária da Rede Globo, que fixou no horário nobre basicamente dois ou três gêneros, fez outras redes se adaptarem às conquistas da líder de audiência para atrair o restante do público insatisfeito com os gêneros dispostos na programação horizontalizada, apresentados por Clark:

> [...] temos de considerar também que a televisão brasileira foi a primeira a ousar, por uma questão de censura, jogando novela no horário nobre. Todas as televisões do mundo têm sete programações nesse horário, que vai das 7 às 11 da noite – um humorístico, um filme, um jogo de futebol etc. No Brasil, por força do sucesso das novelas, a programação no horário nobre é absolutamente igual de segunda a sábado: uma novela, uma novela, um jornal, outra novela, um filme ou *show* ou humorístico ou programa especial... O grande passo que se deu nesses últimos dez anos foi o de substituir uma novela no horário das 10 da noite – aliás, *Gabriela*, uma das mais bonitas novelas da televisão brasileira, foi ao ar nesse horário – por minisséries, que não deixam de ser pequenas novelas de trinta ou quarenta capítulos. Isso acomodou a programação de tal forma que prejudicou e castrou extraordinariamente a criatividade e a possibilidade de concorrência. Quem está montado num esquema de novela está dominando absolutamente o mercado para o resto da vida.[30]

Algumas redes ainda fazem tentativas de fixar outros gêneros no horário nobre, bem como em outras faixas do dia. É o caso da programação infantil, exibida durante o dia e também à noite, como alternativa às novelas e ao telejornalismo que predominam no horário nobre, como afirmou Clark.

As alterações na grade horária das emissoras seguem a necessidade de adaptação momentânea, devido a picos de audiência da concorrência ou fatores sazonais. Porém, estudos recentes constatam que o panorama geral das grades e das programações das redes apresenta poucas modificações desde a implantação da TV no Brasil, como afirma Sandra Reimão:

> Em um artigo de 1979, quando a TV brasileira contava 29 anos de idade, Sérgio Caparelli aponta que a história da TV no país pode ser dividida em duas grandes fases: uma que iria de 1950 a 1964 e outra que teria se constituído e consolidado a partir desta data [...]. Apesar de o artigo de Caparelli ser de fins dos anos 70, as características apontadas pelo autor como dominantes na segunda fase da história da TV no Brasil se fazem presentes até hoje e permitem afirmar que estamos ainda nesta mesma fase da história na TV no Brasil, pelo menos em linhas gerais e em termos de canais abertos. O presente estudo enfoca apenas essa segunda fase da TV no Brasil, assim sendo o acompanhamento de programação inicia-se a partir de 1965.[31]

As classificações de categorias, gêneros e formatos neste estudo propõem a identificação das transformações do conteúdo e das estratégias de produção. A grade horária da programação torna-se elemento fundamental para as observações e o reconhecimento das técnicas utilizadas pelas redes para conquistar audiência em todas as faixas horárias.

Notas bibliográficas

1. Anamaria Fadul, citando Olga L. Bustos Romero, p. 124.
2. *Ibidem*, p. 124-5.
3. Silvia Helena Simões Borelli (org.), *Gêneros ficcionais – Produção e cotidiano na cultura popular de massa*, p. 131.

4. Jane Feuer, "Genre study and television", p. 113-33 e p. 116.
5. Stuart M. Kaminsky, *American television genres*, p. 21.
6. *Ibidem*, p. 23.
7. Idem.
8. Brian Rose, TV *genres*, p. 3.
9. Idem.
10. *Ibidem*, p. 5.
11. Claudia Macedo, Angela Falcão e Candido José Mendes de Almeida (orgs.), *TV ao vivo: depoimentos*, p. 65.
12. Candido José Mendes de Almeida, *TV ao vivo: depoimentos*, p. 201-2.
13. José Manuel Moran, *Como ver televisão*, p. 48.
14. Mauro Salles, "O Brasil e a televisão", p. 21.
15. José Manuel Moran, *op. cit.*, p. 48.
16. Luiz Guilherme Duarte, *É pagar para ver: a TV por assinatura em foco*, p. 54.
17. Renato Ortiz, Silvia Helena Simões Borelli e José Mario Ortiz Ramos, *Telenovela – História e produção*, p. 75.
18. Walter Avancini, "Estética na televisão", p. 170.
19. Rubens Furtado, "Programação I – da Rede Tupi à Rede Manchete, uma visão histórica", p. 60-1.
20. Enrique Bustamante. *Visión económica: financiación, estrategias y mercados.*
21. Cláudio G. Petraglia, "Programação II – Definição de um projeto – Rede Bandeirantes", p. 46 e p. 71.
22. *Ibidem*, p. 74.
23. José Marques de Melo, *As telenovelas da Globo – Produção e exportação.*
24. Sérgio Miceli, *A noite da madrinha.*
25. Walter Clark, "Um pouco de história e de reflexão sobre a televisão brasileira", p. 26.
26. Daniela Obradović, "O lugar na programação", p. 74.
27. *Ibidem*, p. 84.
28. Silvia Helena Simões Borelli, *op. cit.*, p. 63.
29. Victor Civita, em palestra proferida no II Curso de Extensão de Jornalismo em Revistas, na Editora Abril, São Paulo, 1985.
30. Walter Clark, *op. cit.*, p. 35.
31. Sandra Reimão (coord.), *Em instantes – Notas sobre a programação na TV brasileira (1965-1995)*, p. 9.

Capítulo III
Gêneros de sucesso nas TVs no mundo

EUROPA

O potencial de produção das grandes redes de televisão aberta da Europa não conseguiu segurar o sucesso dos programas americanos presentes nas programações de todos os países. Essa constatação de Freccero indica preferências por gêneros de sucesso, independentemente da origem da produção.

> A produção europeia é enfraquecida por um fracionamento que torna o termo "europeia" pura ficção. Exitem inúmeras emissoras locais, nacionais, regionais, mas falta uma produção comum capaz de atender a um mercado único potencial. A uniformidade e os padrões imutáveis do produto americano são garantidos em lugar de uma enorme demanda interna. [...] A padronização desses produtos representa, além do mais, garantia de sucesso. A maioria dos países europeus compra mais dos Estados Unidos que de todos os países europeus juntos. Mas o "sinal" europeu foi ultimamente fracionado em uma multiplicidade de identidades locais, nacionais. França, Grã-Bretanha, Itália, Espanha, República Federal Alemã têm mais relações televisivas com os Estados Unidos do que entre si. A presença americana não é tão importante quantitivamente quanto pela homegeneidade nos diversos países. Contudo, a dependência da TV europeia para a produção americana está prestes a entrar em crise. Mas não se trata mais apenas de uma questão cultural. A exigência de preservar a identidade europeia parece mais uma aspiração

idealista diante da necessidade fisiológica de uma produção que de qualquer modo atenda à necessidade da programação cotidiana.[1]

Os gêneros de sucesso nos países europeus apresentam poucas variações, mesmo nos locais onde as redes produzem programas tradicionais e em outros com forte presença de produções internacionais.

Na *Bélgica*, a programação musical e os clipes do Sky Channel (inglês) e do Music Channel fazem sucesso ao lado das comédias, que são campeãs de audiência. As séries de documentários, os programas de esportes, programas de variedades no formato revista, desenhos animados, traçam o perfil da programação belga.[2]

A *Dinamarca* produz 50% de sua programação e o restante é comprado principalmente dos Estados Unidos e da Inglaterra, que exportam suas séries de sucesso para todo o mundo.[3]

Os *shows* para o público jovem são os mais vistos nos canais abertos da *Finlândia*, onde a maioria dos lares já está conectada à TV a cabo.[4]

A primeira TV comercial da *França* só entrou no ar na década de 1980. Uma das primeiras emissoras iniciou suas transmissões em 1986 com o gênero musical, que se mantém em boa parte da programação.[5] Até então, a programação realmente comercial era desconhecida e no início foi influenciada pelo grupo italiano mantido pelo empresário Berlusconi, com programas do gênero de perguntas e respostas. As séries também são comuns, assim como algumas *soap operas* de sucesso nos Estados Unidos. Além das séries e dos filmes que aparecem com frequência na grade horária das redes francesas, os programas de esporte, principalmente o futebol, são os mais populares da televisão francesa. As principais partidas de futebol atingem de 40% a 50% de audiência. Um formato muito conhecido na televisão europeia e de bastante sucesso na televisão da França é o de competição entre candidatos representando cidades, envolvendo situações mais engraçadas do que competitivas.[6]

A filosofia da programação na *Alemanha* é a da televisão de serviço público. O gênero minissérie aparece na grade horária com quatro capítulos apresentados durante o final de semana. Os programas de turismo também dão audiência. No gênero *soap operas*, os assuntos mais abordados envolvem vizinhos, família e trabalhos sociais, em geral com personagens como médicos e professores colegiais.[7]

Os atores talentosos da *Grécia* fazem as populares novelas gregas alcançarem grande audiência. Outros gêneros de sucesso no país são os *shows* de variedades, com cantores, dançarinos, atores e outras *performances*. As novelas brasileiras também aparecem na programação com frequência.[8]

Programas dos gêneros humorístico, filme e *talk show* são, na *Itália*, os que equilibram a grade horária, ao lado das coberturas esportivas, principalmente de futebol.[9] Uma novidade que surgiu na televisão italiana e provoca grande interesse no público é o programa sobre pessoas desaparecidas, que pode ser classificado como prestação de serviço.

Na *Holanda*, os *game shows* e as comédias de costumes são os gêneros que reproduzem a preferência europeia. A diferença fica com os *talk shows* para adolescentes, que também apreciam os jornais feitos para a sua faixa etária. O interesse pelos esportes faz as maiores redes produzirem programas esportivos. As séries americanas também atraem os holandeses.[10]

O investimento das redes de televisão de *Portugal* no gênero *soap opera* evidencia seu sucesso ao lado das novelas brasileiras.[11]

Na *Espanha*, os programas de variedades, os documentários e os *game shows* ocupam a preferência do público há vários anos. Séries e programas informativos para jovens são gêneros que também aparecem na programação com frequência.[12]

Os programas do gênero musical, como balé, ópera ou *jazz*, formam a base da programação da TV na *Suíça*, que também apresenta na grade horária programas religiosos com muitas horas de produção.[13]

O país que possui a mais tradicional das redes europeias, a *Inglaterra*, não deixa de programar os gêneros de maior sucesso: a comédia, produzida no próprio país, e também as *sitcom** americanas mais famosas.[14] As séries e minisséries inglesas, notabilizadas nos documentários e assuntos históricos, também agradam ao público e por isso são levadas ao ar em diversos horários.

Essa visão geral dos gêneros de sucesso na Europa procura mostrar os elementos básicos que diferenciam os países. Na verdade, poucas mudanças ocorrem na preferência pelos gêneros famosos, mas algumas peculiaridades podem ser notadas e analisadas com cautela, pois há diferenças singulares influenciadas pela cultura local.

ESTADOS UNIDOS

Os Estados Unidos e o Brasil formam as duas maiores culturas do mundo orientadas pela televisão. O Brasil é o terceiro maior mercado mundial de consumo de aparelhos de TV, e em primeiro estão os Estados Unidos.[15] Nos dois países, o meio existe principalmente para o entretenimento.[16] Essa categoria dá o perfil dos gêneros de maior sucesso.

Os gêneros dos programas americanos têm traços bem definidos, que facilitam a classificação. Permitem apontar com mais clareza quais são os programas dos gêneros policial, detetive, faroeste, melodrama médico, fantasia e ficção científica, comédia de situações, *soap opera*, filmes (produzidos especialmente para a TV), docudrama, noticiário, documentário, esportivo, *game show*, *show* de variedades, *talk show***, infantil, educacional e cultural, religioso ou comercial.[17]

* *Sitcom*: redução de *situation comedy* (comédia de situações cotidianas). A tradução mais correta para o português é "comédia de costumes".

** *Game shows* são programas de competição com jogos ou gincanas, ao vivo, dos quais participam convidados e também o telespectador, que pode apostar no possível vencedor ou responder a perguntas para competir ou ajudar um concorrente. Os *talk shows* são programas de entrevistas com um único apresentador geralmente carismático e admirado

Os programas que têm maior popularidade nos Estados Unidos são as comédias de costumes, seriados de ação e aventura, mistério, fantasias de ficção científica, filmes, docudramas no formato minissérie, esportes, programas com prêmios nos *game shows*, *talk shows*, variedades, noticiário e as tradicionais *soap operas*. Um gênero genuinamente americano que praticamente desapareceu no tempo foi o *western*, conhecido no Brasil por *faroeste* ou de *bangue-bangue*. Algumas séries fizeram sucesso no mundo todo, e os episódios de *Bonanza* e *Zorro* marcaram a programação das redes em vários países, entre eles o Brasil.

A fórmula dos seriados de faroeste veio do cinema e sua produção começou junto com a televisão americana. O primeiro filme do gênero faroeste para a televisão apareceu em 1947. De todos os gêneros criados pelos americanos, nenhum teve declínio tão rápido quanto o *western*. A explicação é a de que era uma forma arcaica de mostrar conflitos e situações dramáticas que poderiam ser mais bem explorados em cenas urbanas e contemporâneas. Após mais de vinte anos de sucesso, o gênero foi substituído rapidamente no final dos anos 1970 pelas séries de detetive e outras que mostravam extravagâncias paramilitares e investigações da CIA.[18]

AMÉRICA LATINA

A presença de determinados gêneros na grade horária das redes de vários países da América Latina evidencia a hegemonia das produções americanas. Por outro lado, os gêneros testados e aprovados pela audiência trouxeram um fator positivo para as emissoras latinas que desenvolveram sistemas de produção.

pelo público. A *soap opera* tem um formato semelhante a novelas, porém sem um número determinado de capítulos. O enredo central se desenvolve em episódios independentes dos anteriores (Conrad Phillip Kottak, *Prime-time society. An anthropological analysis of television and culture*, p. 64).

Investiu-se na produção de gêneros consagrados, alavancando a infraestrutura para outras produções locais. Com isso, Argentina, Colômbia e Brasil têm grades horárias com mais de 50% de produção local. Os gêneros mais produzidos são o jornalístico, o esportivo e as novelas.

O crescimento da TV foi espetacular na *Argentina*. Em 1953, havia 40 mil domicílios com aparelhos de televisão no país, que tinha a maior porcentagem de televisores no continente. O modelo argentino de televisão não difere muito do dos demais países da América Latina, onde predomina o sistema comercial de radiodifusão norte-americano.[19]

Da América Latina saem novelas e minisséries assistidas no mundo todo. Com o advento da *soap opera* nos Estados Unidos, podemos formar um quadro mais claro sobre o desenvolvimento das novelas e das minisséries.[20] Esses gêneros não têm força apenas pela enorme audiência, mas também pela importância social, apresentada por McAnany:

> Este estudo enfoca o acompanhamento de pontos importantes. Em primeiro lugar, realça a importância do gênero da telenovela na televisão latino-americana sob dois aspectos: por ser o gênero televisivo mais popular, tem grande importância econômica para uma indústria que está se tornando cada vez mais globalizada (para fora da América Latina); em segundo lugar, a ampla popularidade do gênero faz crer que um estudo cuidadoso acerca dele daria dois resultados valiosos: promoveria uma teoria melhor para explicar o fenômeno em toda sua complexidade e contradição; e poderia ajudar a entender as influências socioculturais em suas vastas audiências, bem como a relevância desse conhecimento para a política social. A telenovela tem sido popular na América Latina por décadas, mas, como produto de exportação, apesar da considerável experiência da Globo e da Televisa, talvez esteja apenas na fase inicial.[21]

Apesar de a produção de programas no Brasil estar em estágio bastante avançado, Ana Sílvia Médola aborda um ponto de divergência estratégica das emissoras americanas com as redes brasileiras. Ela chama a atenção para a possibilidade de surgirem outros gêneros na programação brasileira, com produções independentes que não estão viciadas pelos padrões adotados. No entanto, há resistência das redes:

> Com o surgimento das produtoras no Brasil, era de supor que o caminho natural seria deslocar, gradativamente, a geração de programas para as produtoras. [...] Enquanto em outros países muitos programas são comprados de produtores independentes, aqui as negociações tomam outros rumos. Se uma produtora quiser ter um programa veiculado em um canal de televisão, ela tem que comprar espaço nas emissoras.[22]

Melo, referindo-se à programação da televisão brasileira em 1978, afirma: "Cerca da metade dos programas são estrangeiros e cerca de 1/3 são nacionais. A produção regional é reduzidíssima (4%) e a produção local é quantitativamente pouco expressiva (14%)".[23]

Uma pesquisa elaborada por Kottak analisa os gêneros de maior sucesso nos Estados Unidos e no Brasil no ano de 1984, e apresenta os seguintes resultados:

OS DEZ PROGRAMAS DE TV DE MAIOR AUDIÊNCIA NOS ESTADOS UNIDOS E NO BRASIL – 1984[24]

ESTADOS UNIDOS	BRASIL
1. *Super bowls* (esportes)	*Fantástico* (variedades)
2. *The burning bed* (docudrama)	*Jornal nacional* (telejornalismo)
3. *60 minutes* (noticiário)	Novela das 8 (novela)
4. *Fatal vision* – part 2 (docudrama)	Novela das 7 (novela)
5. *Something about Amelia* (docudrama)	*Os trapalhões* (humorístico)
6. *Lace* – part 2 (docudrama)	Novela das 6 (novela)
7. *Grammy awards*	*The fall* (série de ação)
8. *Academy awards*	*Hart to hart* (série de ação)
9. *Fatal vision* – part 1 (docudrama)	*Chico Anysio* (humorístico)
10. *Final battle* (ficção científica) e *Summer olympics closing* (esportes)	*Bem-amado* (humorístico)

Estudos no Brasil realizados em 1995 oferecem dados semelhantes, apontando para algo em torno de 66% de produções brasileiras na programação[25], o que evidenciava a preferência do público pelas produções nacionais baseadas em gêneros consagrados. Os gêneros que formam a categoria entretenimento somaram 64,6% no total da programação das redes brasileiras. Esse dado justifica os investimentos em produções dos gêneros de sucesso no Brasil.

O quadro mostra que a preferência por gêneros no horário nobre no Brasil não se alterou nos últimos vinte anos, o que explica a inclusão desses dados históricos neste livro. Apesar de os programas de auditório não aparecerem na classificação dos gêneros da TV americana e também não constarem na relação dos *dez mais*, esse é um gênero enraizado na programação da TV brasileira. Sua origem está ligada aos programas de rádio, cujo formato a televisão assimilou e acabou desenvolvendo fórmulas próprias de sucesso.

Os programas de auditório fazem parte da história da televisão brasileira, tendo como apresentadores nomes como Chacrinha, Hebe Camargo e Silvio Santos. Este detém até hoje a liderança do gênero, no programa que leva seu nome, na rede de sua propriedade. Gugu Liberato e Fausto Silva fazem parte da nova geração de apresentadores desse gênero, também classificado em algumas redes como variedades, mas sempre tendo o auditório como atração.

Na última década do milênio, cresceu a participação do gênero telejornalismo na programação das redes latino-americanas, com programas que abordam a violência, principalmente a urbana. A carga horária de programas no formato de debate, entrevista e reportagem também tem aumentado proporcionalmente ao interesse do público pelas abordagens sensacionalistas e grotescas. Se for uma tendência internacional, passa a ser assunto para outras análises do conteúdo específico desse gênero.

NOTAS BIBLIOGRÁFICAS

1. Carlo Freccero, "La TV senza mito", p. 387.
2. Richard Paterson, *International TV & video guide*, p. 153-4.
3. *Ibidem*, p. 160.
4. *Ibidem*, p. 164-7.
5. *Ibidem*, p. 167.
6. *Ibidem*, p. 170-1.
7. *Ibidem*, p. 172-4.
8. *Ibidem*, p. 177.
9. *Ibidem*, p. 182.
10. *Ibidem*, p. 190-1.
11. *Ibidem*, p. 195.
12. *Ibidem*, p. 199.
13. *Ibidem*, p. 202.
14. *Ibidem*, p. 208-16.
15. *Exame*, 23 abr. 97, p. 32.
16. Anne Cooper e Regina Silva, *Game shows - Television game shows in Brazil and the United States.*
17. Classificação apresentada por Brian Rose, *TV genres, passim.*
18. Michael Barson, "The TV western", p. 57 e 58.
19. Ségio Mattos (org.), *A televisão e as políticas regionais de comunicação*, p. 49.
20. Silvia Helena Simões Borelli (org.), *Gêneros ficcionais - Produção e cotidiano na cultura popular de massa*, p. 19.
21. Emile G. McAnany, *The telenovela and social change: popular culture, public policy and communication theory.*
22. Ana Sílvia Médola, "A produção independente na televisão: o caso de Bauru".
23. "Pesquisa sobre a televisão brasileira", *Revista da Abepec*, p. 4-33. José Marques de Melo, *Para uma leitura crítica da comunicação*, p. 88.
24. Conrad Phillip Kottak, *Prime-time society. An anthropological analysis of television and culture*, p. 72.
25. Sandra Reimão (coord.), *Em instantes - Notas sobre a programação na TV brasileira (1965-1995).*

2º BLOCO

CLASSIFICAÇÃO DAS CATEGORIAS, ORGANIZAÇÃO DOS GÊNEROS E IDENTIFICAÇÃO DOS FORMATOS

Em televisão é sempre melhor errar depressa do que acertar devagar.

Walter Clark

Capítulo IV
Os gêneros na programação da TV brasileira

AS REDES DE TV E SEUS GÊNEROS

Este estudo apresenta a grade horária das sete redes de televisão que transmitiram, durante o ano de 1996, sua programação para a cidade de São Paulo na frequência VHF (portanto, sinais abertos, sem codificação). Estavam nesse sistema os canais 2 (Cultura), 4 (SBT), 5 (Globo), 7 (Record), 9 (Manchete, atual Rede TV!), 11 (Gazeta) e 13 (Bandeirantes).

O período pesquisado foi a semana de 14 a 20 de outubro de 1996, durante o horário em que as emissoras permaneceram no ar, de acordo com a programação divulgada no boletim oficial de programação.

Durante esse período, as emissoras apresentaram a seguinte distribuição de gêneros na sua programação:

OS GÊNEROS NA PROGRAMAÇÃO DA TV BRASILEIRA*
SEMANA DE 14 A 20 DE OUTUBRO DE 1996

	REDES						
GÊNERO	**CULTURA**	**SBT**	**GLOBO**	**RECORD**	**MANCHETE (ATUAL REDE TV!)**	**GAZETA**	**BAND**
Auditório	-	-	2%	1%	-	-	-
Culinário	-	-	-	1%	-	2%	2%
Debate	-	-	-	4%	2%	3%	5%
Desenho	-	-	-	-	1%	4%	-
Documentário**	-	1%	-	-	-	-	-
Educativo	15%	3%	1%	2%	0,5%		
Entrevista	-	11%	-	1%	1%	6%	4%
Especial	-	-	-	1%	1%	-	
Esportivo	3%	-	7%	7%	4%	3%	18%
Filme	4%	12%	24%	4%	3%	12%	13%
Humorístico	-	2%	4%	-	-	-	3%
Infantil	31%	25%	12%	8%	14%	3%	3%
Informativo	-	-	1%	-	-	3%	1%
Interativo	-	-	1%	-	-	-	
Musical	5%	1%	1%	-	1%	1%	
Novela	-	10%	18%	-	3%	-	2%
Político	-	-	-	-	-	1%	-
Religioso	1%	-	1%	35%	20%	9%	14%
Série	24%	9%	3%	7%	4%	16%	8%
Série brasileira	-	-	-	-	-	-	0,5%
Sorteio	-	-	-	-	-	0,5	-
Publicidade***	-	-	-	2%	15%	6%	3%
Telejornalismo	13%	15%	22%	8%	16%	5%	8%
Variedade	5%	12%	3%	14%	4%	16%	13%
Western (faroeste)****	-	-	-	5%	-	-	-
Outros *****	-	2%	-	1%	9%	12%	2%

** Porcentagem semanal de cada gênero transmitido, conforme a classificação dos boletins de programação de cada emissora.*

*** Neste gênero, foram classificados os programas com no mínimo 30 minutos.*

**** Publicidade também apresenta a denominação Telecompra.*

***** Vários programas do gênero western foram classificados como séries.*

****** A categoria outros abrange os programas não classificados pelas emissoras ou sem informação.*

GRÁFICO DA PRESENÇA DAS CATEGORIAS DOS PROGRAMAS DE TV NAS REDES BRASILEIRAS

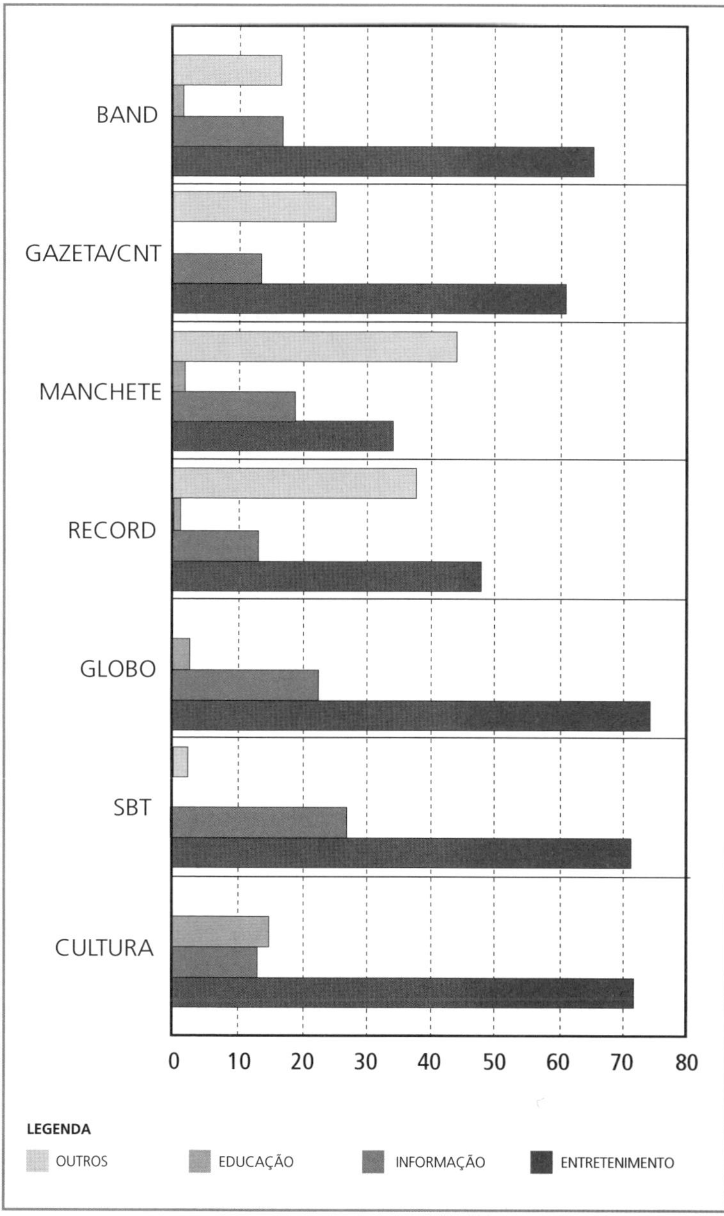

REDE CULTURA

CULTURA – SEMANA DE 14 A 20/10/96 (EM MINUTOS)

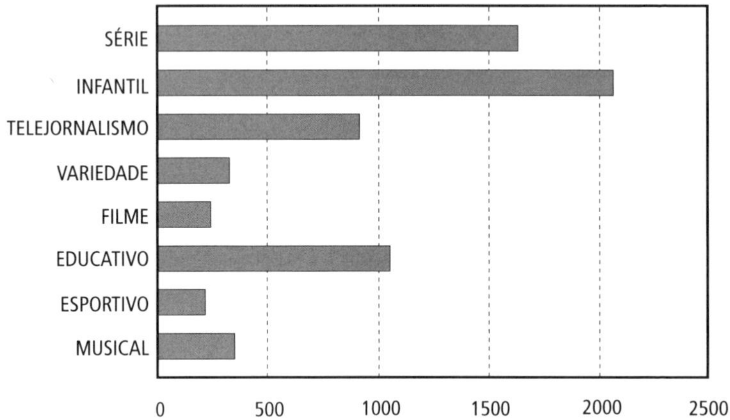

A Rede Cultura é a única emissora educativa que transmite em sinal aberto (VHF) em São Paulo. A maior parte de sua programação (31%) é do gênero infantil. Vários programas são produções próprias e consagradas que demonstram a opção da emissora em investir no público que será o seu telespectador de amanhã.

As séries preenchem 24% do tempo da programação semanal e várias delas também são para o público infantil. A maioria das séries é comprada do exterior. Documentários e programas educativos também estão nesse gênero.

O objetivo da emissora é a produção de programas do gênero educativo, que ocupa 15% da programação. Nota-se que várias produções, classificadas pela rede como séries, também se incluem em educativo. Isso aumenta ainda mais a vantagem da emissora sobre as demais no que se refere aos programas desse gênero. A Cultura é, de longe, a emissora que mais transmite programas da categoria educação.

O gênero telejornalismo aparece com 13% do tempo dedicado a telejornais, debates, entrevistas. Os programas musicais e de variedades empatam com 5%, seguidos dos gêneros filme (4%) e esportivo (3%).

No total, a programação da Rede Cultura dedica 72% à categoria entretenimento, 13% à categoria informação, 15% à categoria educação. Nenhum programa foi classificado na categoria outros.

A ressalva nos dados obtidos na pesquisa fica para os vários programas do gênero entrevista classificados pela emissora como telejornalismo, alterando a porcentagem obtida em ambos os gêneros.

Alguns dos programas infantis que compuseram esse gráfico em 1996 permanecem no ar após dez anos de produção. Em 2003, o *Castelo rá-tim-bum*, premiado internacionalmente, ainda figurava como um dos programas de maior audiência da emissora. Novas gerações de crianças fazem de velhos programas infantis um exemplo de que produções de qualidade não envelhecem.

SBT

SBT – SEMANA DE 14 A 20/10/96 (EM MINUTOS)

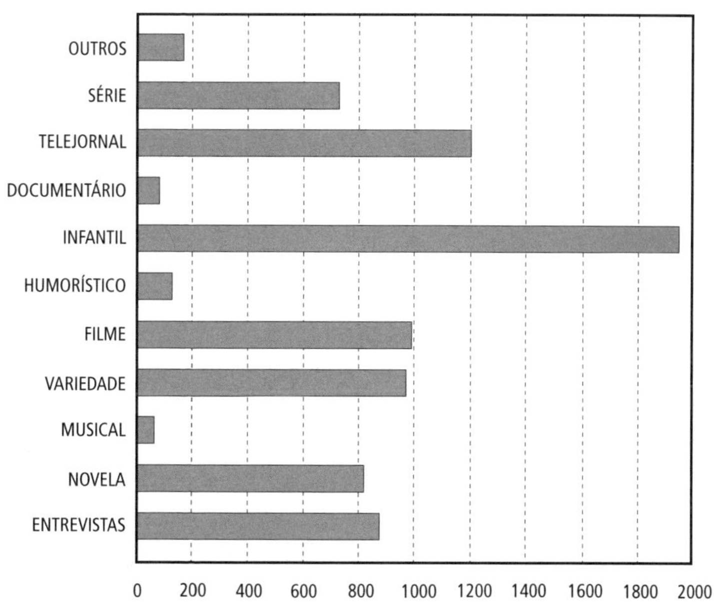

O SBT iniciou sua programação com gêneros mais populares e agora apresenta números bastante diversos. O público infantil representa um importante segmento da programação da rede. Prova disso é que a maior parte da programação (25%) dedica-se ao gênero. Durante o período pesquisado, o telejornalismo ocupava posição de destaque, o segundo gênero da programação, com 15% do tempo da grade horária. Mas a história do telejornalismo no SBT é marcada por altos e baixos, com investimentos que saem do zero e chegam a um patamar razoável, dependendo dos interesses da programação.

Os programas de variedades, que, juntamente com os de auditório, alavancaram a emissora desde a implantação, ocupam 12% da programação, empatando com os filmes, que têm a mesma porcentagem de tempo. Os programas do gênero entrevista estão com 11%. A emissora passou a investir na produção e importação de novelas, que ocupam 10% da programação, seguidas das séries (9%). O gênero humorístico, que também acompanha a emissora desde sua implantação, está presente em 2% da programação.

O único programa de documentário produzido pela emissora detém 1% do tempo da grade, a mesma porcentagem dedicada aos musicais.

No total, a programação do SBT dedica 71% à categoria entretenimento, 27% à categoria informação, 2% à categoria outros. Nenhum programa foi classificado na categoria educação.

O gênero de maior investimento do SBT, o infantil, não sofreu grande mudança na grade e permanece dono das manhãs com desenhos tradicionais. A maior mudança ocorrida nos últimos sete anos da programação da rede é a do gênero telejornal. Em 1996, o jornalismo era o segundo gênero mais produzido pelo canal de Silvio Santos, conhecido pelo seu estilo de sumir com programas da grade da noite para o dia. Em 2003, o telejornalismo do SBT, comparado com a programação de sete anos antes, foi visivelmente reduzido. Limitou-se, em alguns períodos, a resumos e notas de agências de notícias no fim da noite, apresentados por Hermano Henning, o âncora-editor-apresentador do SBT.

REDE GLOBO

GLOBO – SEMANA DE 14 A 20/10/96 (EM MINUTOS)

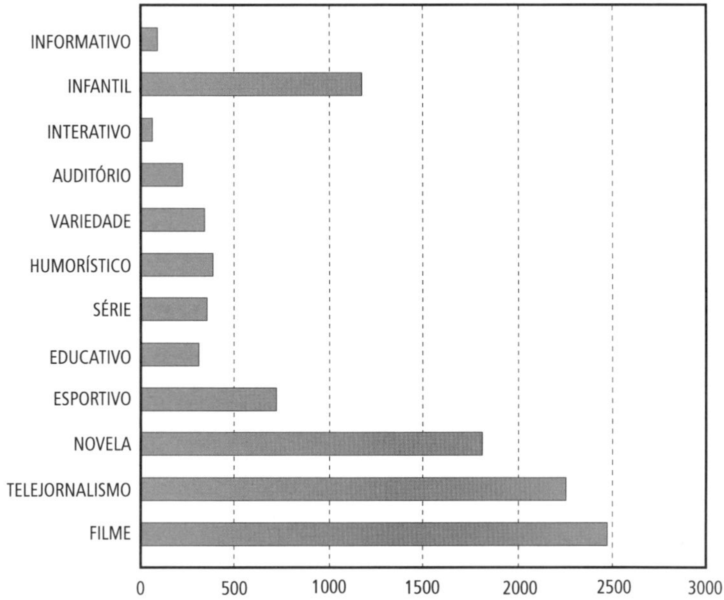

A rede líder de audiência no Brasil dedicou ao gênero filme a maior parte da programação (24%) no período pesquisado. A produção própria da emissora concentra-se em dois gêneros, telejornalismo (22%) e novelas (18%).

A emissora ainda tem no gênero infantil boa parcela da programação (12%). Os programas do gênero esportivo ocupam 7% da grade. Mesmo dedicando apenas 4% a programas humorísticos, a Globo é a rede que mais investe no gênero. Os programas de variedades, incluindo os de auditório, ocupam 5% da grade.

A Fundação Roberto Marinho, ligada às Organizações Globo, recebe investimentos públicos e privados para a produção e transmissão de programas educativos, mas a emissora dedica ao gênero apenas 3% da programação, porcentagem igual à das séries. Menor do que isso, somente o tempo dedicado ao informativo e interativo, com 1%. A emissora classifica programas do gênero telejornalismo também como gênero informativo, utilizando as duas nomenclaturas no seu boletim de programação.

No total, a pesquisa realizada em 1996 aponta que a programação da Rede Globo dedica 74% à categoria entretenimento, 23% à categoria informação, 3% à categoria educação. Nenhum programa foi classificado na categoria outros.

Filmes, telejornalismo e novela continuam sendo o tripé dos gêneros de maior investimento da emissora. Com a dupla de gêneros infantil e esportivo, os cinco gêneros sustentam a maior parte da programação há décadas. Em 2003, esse quadro não apresentava alterações significativas, o que não apagava a audiência da emissora em gêneros de sucesso, como os *reality shows* (*Big Brother* 1, 2, 3, 4... e *No limite*), com formatos comprados de produtoras europeias e americanas.

REDE RECORD

A Rede Record apresentava no período pesquisado dois bons motivos para levar o apelido de "TV do bispo". Além de pertencer a um bispo evangélico e carismático, a maior parte da programação (35%) era dedicada ao gênero religioso. Bem abaixo dessa porcentagem está o gênero variedades, em 14% da grade.

O investimento da emissora em telejornalismo e infantil já dava a esses gêneros iguais 8%. As séries, que haviam marcado a rede no passado, ocupavam na pesquisa 7% da programação, tempo idêntico ao dedicado ao gênero esportivo.

A Record era a única emissora que permanecia fiel ao famoso gênero americano, o *western*, que ocupava 5% da grade de 1996.

RECORD – SEMANA DE 14 A 20/10/96 (EM MINUTOS)

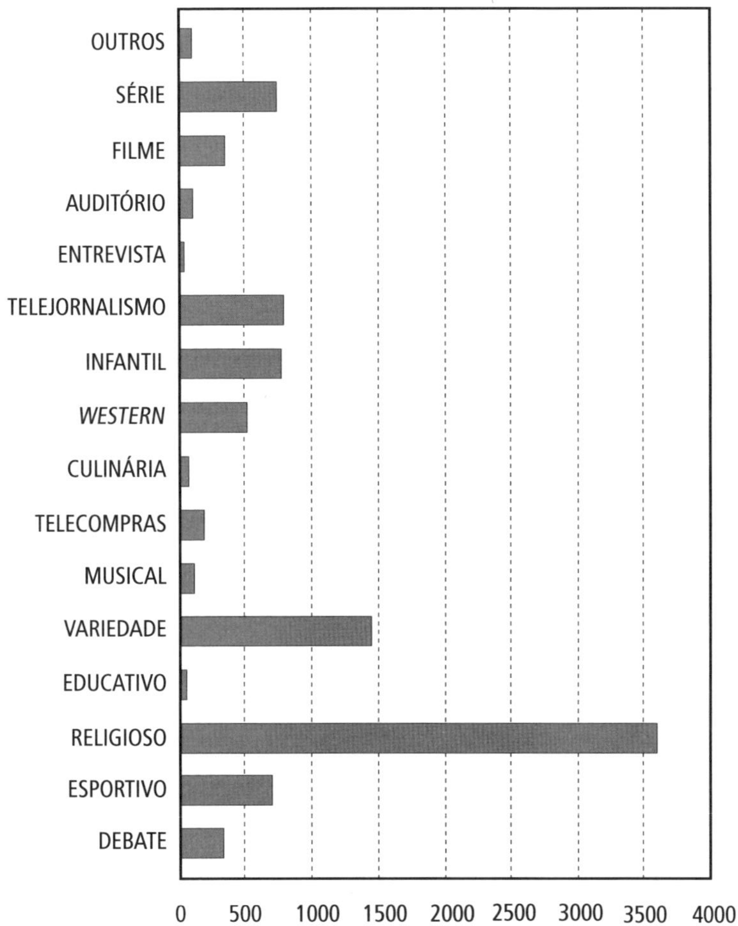

Os debates, principalmente no horário noturno, davam ao gênero 4% da programação. Abaixo dele vinham os programas de publicidade, com 2%, enquanto os gêneros auditório, culinário, educativo, entrevista e outros ficavam cada um com 1% do tempo da programação.

Ganhavam a mesma porcentagem os programas musicais, outro gênero que marcou época na rede com os famosos festivais de música popular brasileira. Atualmente estão reduzidos ao tempo mínimo que um gênero pode ocupar (1%).

No total, a programação da Rede Record dedicava 48% à categoria entretenimento, 13% à categoria informação, 1% à categoria educação. A categoria outros, na qual se inclui o gênero religioso, ocupava 38% da programação.

A rede de televisão, ligada à igreja evangélica neopentecostal Universal do Reino de Deus, não poderia deixar sua grade de programação fugir às origens. Em 1996, os programas religiosos apareciam na grade em grande número. Após sete anos, apesar da diminuição de programas explicitamente religiosos, o que se via em 2003 eram programas de caráter religioso formatados como debate, variedades, musical, entrevista, docudrama, entre outros que mostravam o aperfeiçoamento das produções, porém sem se desviar dos fiéis e dos adeptos da religião.

REDE MANCHETE (ATUAL REDE TV!)

A Rede Manchete, que no período da pesquisa pertencia ao Grupo Bloch, desde 1999 encontra-se em poder de outro grupo, que a rebatizou de Rede TV!. Durante seus últimos anos de agonia econômica, a maior renda da Rede Manchete provinha da venda de espaços na programação, para a exibição de programas de terceiros, principalmente grupos religiosos. Isso fez a Rede Manchete ficar em segundo lugar na pesquisa no gênero religioso (20% do tempo), perdendo apenas para "a TV do bispo" (Record).

Os 16% de telejornalismo então disputavam espaço com outro gênero, a publicidade (15%), que também comprava espaço da rede. Os programas infantis, centrados principalmente nos desenhos, ocupavam juntos 15% do horário. Foram classificados como outros 9% dos programas, que formam uma verdadeira miscelânea de gêneros. As séries, os programas esportivos e os de variedades ficaram com 4% cada um.

MANCHETE - SEMANA DE 14 A 20/10/96 (EM MINUTOS)

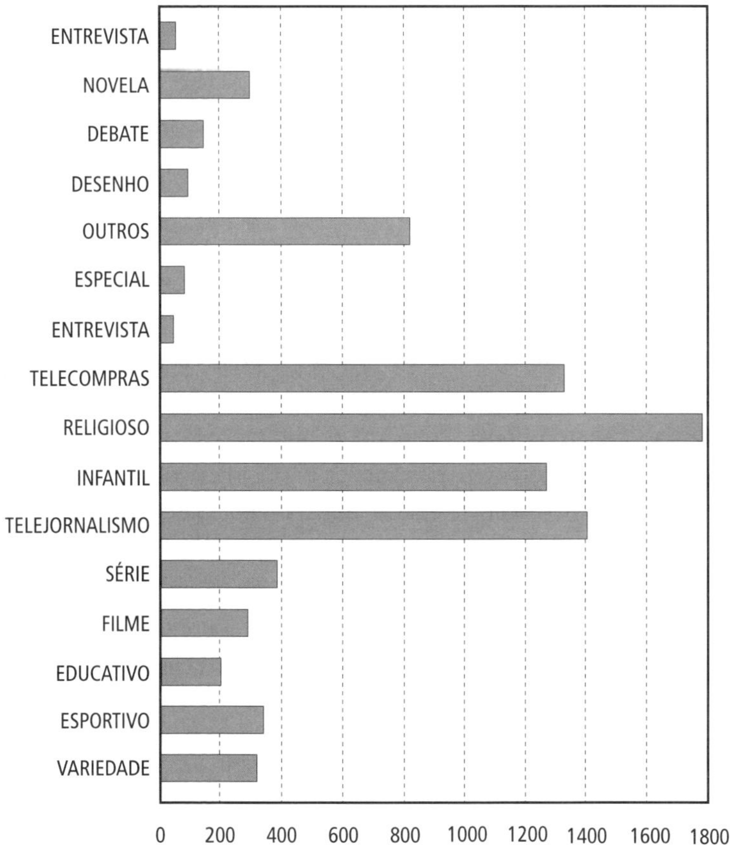

A emissora investia também em filmes, em 3% do tempo, e igual porcentagem nas novelas, indício da tentativa de garantir uma fatia do público desse gênero. Os gêneros debate e educativo ocupavam 2% da programação. Desenhos, entrevistas e especiais, cada qual marcava presença com 1% da grade horária.

Antes de mudar de dono, a programação da Rede Manchete dedicava 34% à categoria entretenimento, 19% à categoria informação e 2% à categoria educação. A emissora reservava 44% da programação ao gênero outros. Somados os espaços vendidos para os programas de publicidade e religioso, vê-se que mais de um terço do horário total da programação era comercializado para exibição de programas de terceiros. Por isso, a qualificação da Rede Manchete era a de "TV de aluguel".

Após a mudança do controle acionário da rede e a transformação em Rede TV!, esse quadro apresenta alterações significativas, que devem ser avaliadas por nova pesquisa.

A Rede TV! ostenta o *slogan* "a rede de TV que mais cresce no Brasil", mantida, principalmente, pela venda de horários para exibição de programas. Em 1996, o gráfico da emissora mostrava que o gênero religioso sustentava a maior parte da grade, em duração e em dinheiro, o que ocorre até hoje, com poucas alterações. Os programas religiosos e de televendas compram os horários e ficam horas no ar. São gêneros alternativos para a falta de patrocinadores de produções próprias, uma saída para a crise da mídia do início do século XXI.

Em 2003, as produções que obtiveram picos de audiência eram as de variedades, sob o formato de "pegadinhas" e do inusitado "teste de fidelidade", apresentado por João Kleber, no qual homens e mulheres são avaliados por seus parceiros, recebendo "cantadas" de atores contratados pela produção. É um misto de *reality show* com docudrama e teledramaturgia. Muitas vezes, o resultado se aproxima de um humorístico.

GAZETA

Séries e programas de variedades, cada gênero com 16%, ocupavam juntos quase um terço da programação da Rede Gazeta, que em 1996 mantinha acordo de produção e transmissão com a CNT, formando assim a Rede Gazeta/CNT. Filmes e programas classificados como outros empataram na mesma proporção (12%).

Havia uma pulverização de gêneros na rede. Os espaços eram vendidos para programas religiosos, com 9% do tempo da grade, somados aos 6% para programas de publicidade. Entrevista aparecia com 6%.

GAZETA/CNT – SEMANA DE 14 A 20/10/96 (EM MINUTOS)

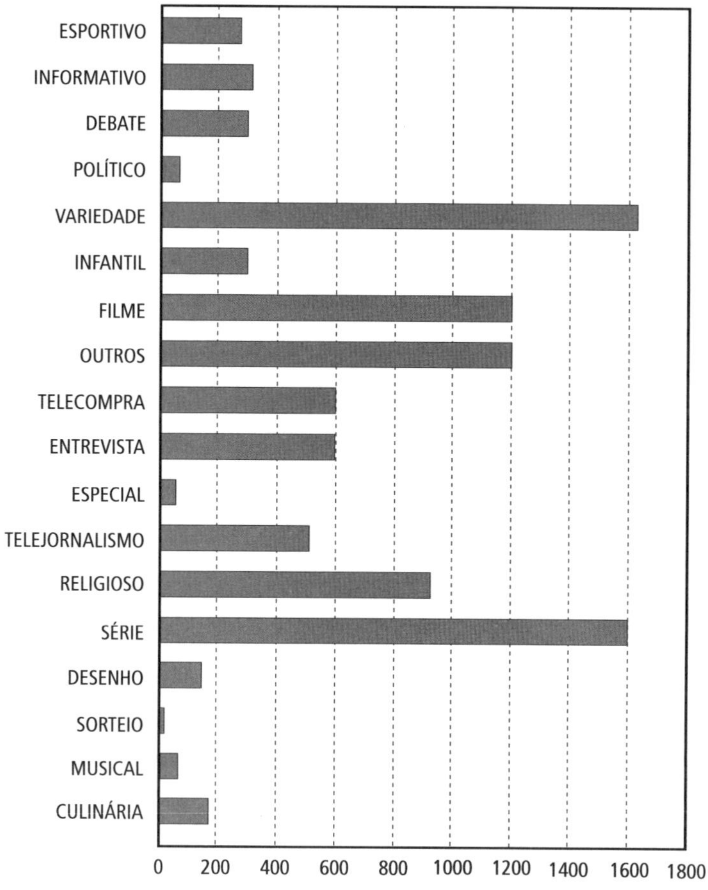

De todas as redes pesquisadas, a Gazeta/CNT figurava como a que apresentava o menor índice do gênero telejornalismo (5%). Os desenhos (3%), também parte da programação infantil (3%), tinham a mesma porcentagem que os gêneros debate, esportivo e informativo. Culinário, com 2%, era seguido pelos gêneros especial, musical e político, cada um com 1% do horário. Menos de 1% da grade cabia aos programas do gênero sorteio.

No total, a programação da Rede Gazeta dedicava 61% à categoria entretenimento e 14% à categoria informação. Os gêneros religioso, publicidade, sorteio e político cobriam 25% da programação.

As séries americanas de sucesso, com reprises intermináveis, e os programas de variedades formam até hoje a base da programação da Gazeta. Esses gêneros espelham na programação da emissora o gosto do telespectador paulistano, com o qual ela tem envolvimento direto devido à localização da cabeça de rede.

BANDEIRANTES

"Bandeirantes, o canal do esporte." Esse *slogan* da rede refletia o período da pesquisa. O quadro da Band mostra que a maior parte da sua programação (18%) era composta pelo gênero esportivo. Aparecia com 14% o gênero religioso, que, a exemplo do que ainda ocorre em outras redes, eram programas de grupos religiosos que compram espaço na programação. Filmes e variedades detinham, cada um, 13% da grade. Séries e telejornalismo empatavam em 8%. Depois vinham os programas de debate (5%), seguidos do gênero entrevista (4%).

Empatavam em 3% os programas humorísticos, infantis e os espaços vendidos para programas de publicidade. A produção de novelas estava timidamente presente em 2% da programação, com igual porcentagem para culinário e também para outros.

Informativos e musicais, mesmo com 1%, ainda ganhavam do gênero educativo, que, no total, dava menos de 1%. Por último, aparecia ainda uma série brasileira (também com menos de 1%), única na grade entre todas as emissoras na semana pesquisada em 1996.

No total, a programação da Rede Bandeirantes dedicava 65% à categoria entretenimento, 17% à categoria informação e 17% a outros. Aproximei a categoria educativo para 1% (seria pouco mais de 0,5%).

Apesar da diminuição da dose de esportes na programação da Band nesses últimos sete anos, em 2003 ainda se podia identificar a importância do gênero no perfil da emissora. Os programas reli-

BANDEIRANTES – SEMANA DE 14 A 20/10/96 (EM MINUTOS)

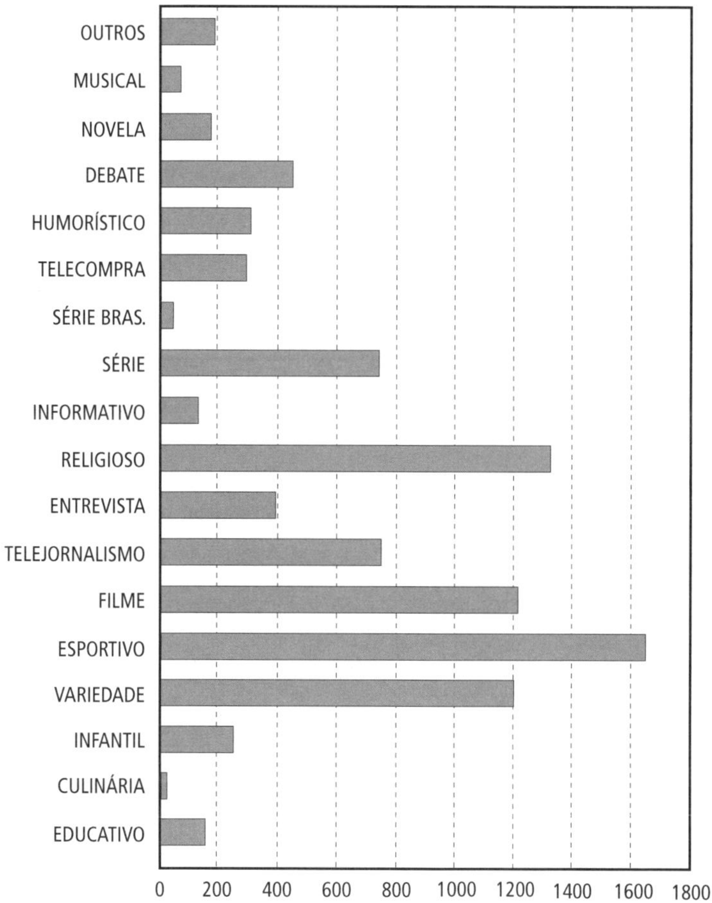

giosos também são a base do faturamento, equilibrando a distribuição das produções em filmes e também em variedades. Outros gêneros, como eventos e telejornalismo, marcam uma nova fase. A promoção do concurso de Miss Brasil, desenterrado pela emissora e transformado em superprodução, e a reformulação do jornalismo, apresentado pelos ex-Globo Carlos Nascimento e Joelmir Betting, são investimentos em gêneros que modificam os dados colhidos na última década e apontam para um novo percurso da rede.

CLASSIFICAÇÃO DAS CATEGORIAS, DOS GÊNEROS E DOS FORMATOS

A classificação dos programas da televisão brasileira em cinco categorias – entretenimento, informação, educação, publicidade e outros –, dos seus gêneros e a identificação dos formatos estão apresentados no quadro a seguir. Para elaborar esse quadro, tomei por base o boletim de programação das emissoras, as classificações publicadas nos jornais *O Estado de S. Paulo* e *Folha de S.Paulo* e nas revistas *Veja*, *IstoÉ* e *Época*, além da bibliografia existente sobre a teoria dos gêneros na televisão, inclusive periódicos e artigos especializados.

CATEGORIAS E GÊNEROS DOS PROGRAMAS NA TV BRASILEIRA

CATEGORIA	GÊNERO
Entretenimento	Auditório • Colunismo social • Culinário • Desenho animado • Docudrama • Esportivo • Filme • *Game show* (competição) • Humorístico • Infantil • Interativo • Musical • Novela • *Quiz show* (perguntas e respostas) • *Reality show* (TV-realidade) • Revista • Série • Série brasileira • *Sitcom* (comédia de situações) • *Talk show* • Teledramaturgia (ficção) • Variedades • *Western* (faroeste)
Informação	Debate • Documentário • Entrevista • Telejornal
Educação	Educativo • Instrutivo
Publicidade	Chamada • Filme comercial • Político • Sorteio • Telecompra
Outros	Especial • Eventos • Religioso

GÊNEROS DA CATEGORIA ENTRETENIMENTO

AUDITÓRIO

VISÃO GERAL

A televisão, como veículo de comunicação de massa, promove artistas e forma ídolos que, por sua vez, precisam do contato direto com o público para interagir com os fãs. Os programas de Chacrinha, Hebe Camargo, Fausto Silva (especialmente o *Perdidos na noite*), Silvio Santos e Flávio Cavalcanti são algumas das produções mais marcantes da história do gênero auditório.

Os programas que mais aproximam o telespectador da realidade da produção em televisão são os de auditório, pois permitem a entrada do público nos estúdios ou nos locais preparados para gravação. Neles, o público é quase sempre convidado a participar do programa. Atualmente, os programas de auditório são classificados pelas emissoras como de variedades, principalmente porque são caracterizados pela apresentação de música, comédia, quadros dramáticos, dança e muitos outros recursos.[1] Mas é importante se referir ao gênero pela denominação anterior, para compreender melhor sua história e seu desenvolvimento.

Os primeiros programas da televisão brasileira reconhecidos pela popularidade e pelo sucesso foram os de auditório. Transpostas do rádio para a TV, algumas produções tiveram apenas o acréscimo da imagem. Os mesmos apresentadores trataram de dar continuidade ao gênero já testado no rádio, alavancando nomes que se tornariam conhecidos do grande público – Dercy Gonçalves, Moacyr Franco, Chacrinha, Hebe Camargo, Bibi Ferreira –, que mantiveram a mesma fórmula por décadas.[2]

De 1930 a meados de 1950, muitas das melhores emissoras de rádio das capitais e do interior brasileiro encontraram nos programas de auditório uma forma de se tornar mais populares. Os programas da época promoviam o contato pessoal dos apresentadores com o público presente nos auditórios e conseguiam transmitir esse calor para os que os escutavam em casa. Os programas de auditório tinham ativa participação de artistas, que assim se tornavam mais conhecidos e populares. Esse gênero gerou ainda os famosos *clubes de fãs*[3].

Nos anos 1960, a televisão aproveitou-se da popularidade dos programas radiofônicos de auditório e os reproduziu. Eles faziam tanto sucesso quanto as novelas atuais. Sérgio Miceli afirma que

> os programas de auditório e as telenovelas eram os gêneros que apresentavam os índices mais elevados de audiência, sendo que, da lista dos dez programas mais cotados em cada semana (dezembro de 1970), constavam diversas transmissões desse tipo.[4]

Os programas de auditório prendem a atenção do público e do telespectador pela variedade de atrações apresentadas num só programa, aproximando-se da mesma linguagem utilizada pelo circo. O público do gênero auditório também comparece para mostrar alegria, animação, interesse, podendo cantar, dançar e dar opinião, sempre instigada pela figura do apresentador, que centraliza a atenção e conduz o programa.

A produção desse gênero que se notabilizou pela apropriação total da linguagem televisiva foi o *Programa do Chacrinha*. O apresentador explorava as técnicas de corte de imagem rápida aliadas a um ritmo alucinante, que fizeram escola e influenciaram o gênero no Brasil:

> [...] a *Buzina do Chacrinha*, na TV Bandeirantes [...] não deixa de ser uma novidade de linguagem – e uma novidade de significação. Abelardo "Chacrinha" Barbosa é o nosso primeiro grande palhaço autenticamente televisual. Ele não é o palhaço de circo na televisão, não: ele é o palhaço da televisão, aquele que soube somar o rádio, a praça pública, a multidão, o circo e o teatro de variedades para obter um espetáculo televisual único em todo o mundo. No espaço circense do Chacrinha, gente e ceno-

> grafia se confundem, nunca se separam. Daí a impressão de festa contínua que transmite, daí o calor humano que irradia.[5]

Todos os programas de auditório estão sempre ligados a um nome, o do apresentador ou apresentadora, que fazem o sucesso do gênero. Chacrinha, J. Silvestre, Flávio Cavalcanti, Silvio Santos deram origem a outros que permaneceram no ar em várias redes, utilizando-se das mesmas técnicas usadas pelos antecessores. Raul Gil (Record), Gugu Liberato (SBT) e Fausto Silva (Globo) são alguns apresentadores que mantêm a fórmula "vamos sorrir e cantar"* presente na grade de programação da TV brasileira, já com a denominação atual de programa de variedades.

O elemento principal nos programas que levam o público ao estúdio é o controle do auditório. Entrou para a história do gênero o radialista Gonçalo Roque, 66 anos, há quarenta na função de organizador e animador de programas de auditório de Silvio Santos. Ele conta histórias que servem para demonstrar que a animação dos programas é um trabalho essencial para o sucesso da produção:

> Na época [década de 50] eu fui o primeiro. Lidar com o auditório é no gogó mesmo. Você antes bate um papinho com a turma... Pede para a turma: "Olha, quando entrar o fulano, vamos aplaudir" [...]. Você sabe que, hoje, muitas pessoas que assistem televisão veem aquela mulherada bonita lá na frente. [...] Então, a gente tem que fazer o auditório assim [...] porque quando as meninas ou senhoras começam a cansar, a gente troca de lugar, porque o programa é corrido. Hoje, um auditório parado, um auditório de senhoras, é alegre no começo. Mas depois elas não aguentam, coitadas. Elas cansam e aí? Como acontece? Então hoje, se um auditório não for vibrante... Quando você assiste televisão e vê mui-

* "Vamos sorrir e cantar" é uma estrofe da música da abertura do programa Silvio Santos, cantada pelo auditório. Termina com "Silvio Santos vem aí", quando o apresentador aparece sorridente no palco.

> tas meninas bonitas, percebe, elas são modelos. Eles contratam para botarem ali. Mas nós do Silvio Santos não temos modelos. [...] No SBT pode vir senhora, pode vir menininha, só não aceitamos homem porque ele não ajuda, não aplaude. Se a mulher vai com o marido num programa, vê um cara bonitão, fala "Uh!", o marido já dá um beliscão, não é verdade? Então, é isso: a mulherada vibra, a mulherada torce e o homem só fica com aquela cara feia dando cotoveladas. Então é por isso que homem não entra. [...] Não existe no Brasil o esquema que o SBT tem. O SBT é a única emissora que dá atenção ao seu público. Nós mandamos buscar em casa, a nossa caravana. É tudo de graça. Tive que fazer uma modificação aqui no SBT. Começou a aparecer uns problemas [*sic*] com pessoas que cobravam para vir aqui. Não dá, né? Então, aqui é tudo de graça. As pessoas chegam de manhã, descem, vão para a sala de visitas que o Silvio construiu especialmente para o nosso público. Tem segurança que leva você lá dentro, tem água gelada, banheiros em ordem, cafezinho, bolacha. E, quando termina o programa, nós ainda fornecemos um lanche. [...] Nós temos um departamento de caravana aqui dentro do SBT. Temos a gerência e temos toda a meninada que trabalha comigo. Você viu que a alegria é tudo [...]. Aqui no SBT temos um fichário de aproximadamente vinte mil pessoas inscritas [...] e por isso sempre mantemos o nosso auditório cheio.[6]

FORMATO

O formato do programa de auditório determina o espaço cenográfico necessário para essa produção: palco e plateia, que permitem a interação do apresentador com o público presente à gravação. É comum o público participar de jogos e brincadeiras na plateia ou no espaço destinado ao apresentador.

A sucessão de quadros musicais, entrevistas, jogos e atrações diversas faz do programa de auditório um gênero que comporta facilmente vários formatos: há pequenas reportagens, debates, videoclipes e encenações que dão ritmo à produção. Daí a melhor denominação de programas de variedades, dada pelas próprias emissoras.

O sucesso do gênero estimulou outras experiências com vários públicos. O *Programa livre*, apresentado por Serginho Groissmann, no SBT (que hoje está na Globo, com o *Altas horas*), foi levado primeiramente na Rede Cultura para atingir o público adolescente. Programas humorísticos também usam o auditório como elemento da produção. Alguns deles, classificados de variedades (*Hebe Camargo* – SBT) ou de entrevista (*Jô Soares onze e meia*, então no SBT) na pesquisa, também utilizam o formato explorado pelo gênero auditório.

Esses programas podem ser monotemáticos, com pessoas do auditório intermediando reportagens e entrevistas ou, às vezes, o público é apenas um elemento contemplativo presente à gravação.

Os programas de variedades identificados na pesquisa, sem exceção, são formatados com auditório. Porém, os que não utilizam diretamente o auditório costumam formatar as produções indiretamente com ele para manter o clima alegre e promover maior interação com o apresentador, que passa a ser um *showman* ou uma "*show woman*". Para isso, existe o recurso de sonorização com palmas e risadas, com um apresentador se dirigindo a um auditório-fantasma.

COLUNISMO SOCIAL

VISÃO GERAL

O colunismo social tem uma trajetória na televisão que tenta seguir o caminho do jornalismo, mas não encontra fôlego para gerar credibilidade. Por isso, apresenta um misto de *talk show*, propaganda institucional e telecompra. Em 1984, o pioneiro Amaury Jr., seguindo o estilo carismático do jornalista Ibrahim Sued, o mais famoso colunista social da história da imprensa brasileira[7], implantou na TV Gazeta uma coluna social eletrônica[8]. Sua câmera passou a circular por festas e lançamentos de produtos, nos quais, religiosamente, o anfitrião e sua fiel esposa atual, o proprietário da marca e os famosos convidados são entrevistados para o programa. As entrevistas seguem no estilo "Oh! que surpresa! Eu não sabia que você estava aqui... então aproveita e fala para o público que está nos assistindo..."

Depois de vinte anos e 15 mil entrevistas regadas a todo tipo de bebida, comida e, não raramente, a falta de ambos, Amaury viu sua fórmula copiada por cerca de duzentos colunistas eletrônicos espalhados pelo Brasil. Para muitos desses, entrevistar o precursor é um momento de glória.

> Nesse tipo de programa, o jabá é a regra. Amaury Jr. diz que não pede dinheiro para fazer a cobertura de festas de amigos e alguns grandes eventos. Na maioria dos eventos, porém, sua presença custa R$ 35 mil.[9]

A eventual gratuidade para gravar alguns eventos é compensada pelo prestígio que traz para o apresentador. Depois, ele recupera o prejuízo com o lucro da gravação de festas de ilustres desconhecidos. Com exceção da Rede Globo, todas as emissoras se rendem à divisão dos lucros com os colunistas eletrônicos. A venda de espaços na programação num horário ocioso, geralmente as madrugadas, é lucrativa, principalmente porque toda a equipe técnica e de produção (que muitas vezes se resume a duas pessoas: o apresentador e um superversátil quatro-em-um cinegrafista-iluminador-editor-motorista) é paga pelo colunista.

FORMATO

A TV Globo tem por regra não permitir a exibição de programas de colunismo social em nenhuma de suas emissoras afiliadas, pelo menos no formato tradicional, com o apresentador indo a festas regularmente. Esse exemplo serve para esclarecer o critério que separa o programa do gênero colunismo social como entretenimento e demarca o território do gênero entrevista, classificado nesta pesquisa na categoria informação.

A edição das gravações também é outro fator que diferencia o colunismo social do telejornalismo. Desde que os cortes não interfiram no negócio fechado com o contratante, o apresentador edita e monta o programa preocupando-se em tirar situações que embaracem o entrevistado e deixar os trechos que enalteçam o figurão, a instituição ou o produto que gerou a cobertura.

Esse tipo de edição comprometida com o entrevistado é o que separa o colunismo de um programa informativo. No informativo, o repórter ou o apresentador pode questionar, debater ou até discordar do entrevistado em nome da informação. No colunismo social isso é inadmissível; o apresentador tem compromisso financeiro firmado com o entrevistado a curto ou médio prazo, por isso deve respeitar os limites entre a entrevista polêmica e a descompromissada com a verdade, para não ferir os interesses do patrocinador, que paga para aparecer bem. O entrevistado vai falar à vontade, não importando que a informação esteja correta ou seja parcial, desde que não ultrapasse a duração do programa, pois o horário da emissora é comprado pelo apresentador. O formato videoclipe, com cenas rápidas dos presentes ao evento, é uma solução para mostrar o ambiente e agraciar os convidados com alguns segundos de fama, se o programa tiver audiência.

O formato *talk show* ambientado com tomadas externas é o mais aplicado ao gênero. Evidentemente, o colunismo se apropria do formato entrevista sem, no entanto, ter a pretensão de alcançar a credibilidade do gênero telejornalismo. É puro entretenimento. A produção deve se preocupar com o figurino, mais do que em qualquer outro programa de entrevistas. Estar na moda, vestindo trajes que acompanham o ambiente (Amaury Jr. afirma ter quarenta *smokings* para cobrir festas, jantares, recepções, *vernissages*, coquetéis...), é importante para que o programa não vire um *talk show* com um apresentador descomprometido e despojado, que daria outro gênero à atração, como é o caso do paulistano Fausto Bessa no *Piratas urbanos*, na Rede TV!. Por causa de suas trinta tatuagens e de seus cinco *piercings*, ele fica restrito a festas mais descontraídas e, obviamente, é barrado em festas *black-tie*.

A produção do programa prepara os textos para o apresentador após uma pesquisa sobre os assuntos e as pessoas que serão enfocados na cobertura. Isso evita gafes e, principalmente, as intermináveis respostas sem interpelação do apresentador que não conhece o tema tratado e se mostra impertinente e desinformado diante de ilustres e desconhecidos. Após o levantamento dos dados, a equipe de produção faz uma prévia com os entrevistados menos conhecidos, porém importantes para o programa, e fornece as informações ao apresentador, para que ele esteja completamente informado antes da entrevista. Esses elementos, resultado de investimentos na produção e do rigor do diretor, é que garantiram o crescimento do pioneiro Amaury Jr. e aumentaram o respeito pelo seu profissionalismo.

Um apresentador bem-informado, com perguntas pertinentes, que segue um roteiro na entrevista, evita o amadorismo e diminui a carga de improviso que impera nos programas de baixa qualidade e prolifera nos canais regionais. Esse planejamento da cobertura aumenta o interesse da audiência e promove a intimidade do apresentador com o evento e, principalmente, com o entrevistado. A produção com qualidade, necessária em todos os gêneros, promove o clima de descontração e garante ao apresentador a marca de respeito e simpatia contagiante, próprios do gênero colunismo social.

"Amaury confirmou seu prestígio porque é das figuras mais simpáticas e envolventes entre as dezenas de entrevistadores de programas como o seu que hoje pululam pela televisão. Esses programas foram gerados pelo *Flash*, formato que ele inventou e aperfeiçoou e sofre constantes reciclagens", afirmou Ignácio de Loyola Brandão[10]. Reciclagem é o que falta às centenas de programas que copiaram a fórmula, porém deixaram a atualização do formato no fundo do guarda-roupa. O cheiro de mofo pode ser evitado com investimentos na produção.

CULINÁRIO

VISÃO GERAL

Apresentados em várias redes, os programas do gênero culinário aparecem isolados na programação, com *status* de mais um programa da grade, ou são inseridos em algum programa de outro gênero – variedades ou auditório – como outra atração. É um exemplo de gênero multifuncional, que tanto informa como entretém.

Apoiados por patrocinadores da indústria alimentícia e de eletrodomésticos, as produções do gênero culinário têm sempre um famoso *gourmet* demonstrando receitas em tom educativo. Utilizam-se dos produtos dos patrocinadores para compor as receitas e recomendar a compra deles.

O horário de transmissão geralmente antecede as refeições, na tentativa de prestar um serviço à dona de casa, que pode aproveitar a receita para o almoço ou jantar.

FORMATO

A TV ainda não tem cheiro, mas pode ter sabor. O tradicional programa *Cozinha da Ofélia* foi um dos pioneiros da televisão brasileira e copiado por muitos canais. Seu formato coloca a apresentadora em primeiro plano, demonstrando sua habilidade em fazer alguma receita diante da câmera. Uma novidade é que, atualmente, muitos programas de culinária são apresentados por homens.

Também há programas do gênero culinário que percorrem o universo gastronômico das grandes cidades e apresentam os restaurantes, seus *chefs* e *maîtres*, além de entrevistas com o proprietário. Silvio Lancelloti, colunista da grande imprensa, marcou seu programa no gênero com vários formatos: entrevistas, demonstrações "ao vivo" salpicadas com *talk show*, dão um tempero especial ao gênero culinário.

O programa de variedades Ana Maria Braga (produzido primeiro pela Record e posteriormente pela Globo) introduziu vários segmentos culinários. A apresentadora imprimiu sua marca de degustadora, realizando uma *performance* debaixo da mesa da cozinha cenográfica, seguida de sua aprovação e recomendação da receita preparada ao vivo no programa. Diversas apresentadoras fazem o mesmo em outros canais.

DESENHO

VISÃO GERAL

Alguns gêneros sofreram transformações tanto de conteúdo quanto de formato, o que também influenciou a audiência. O gênero desenho, no início da televisão brasileira voltado exclusivamente para o público infantil, teve alterações de linguagem e conteúdo para atrair uma faixa etária cada vez mais elevada, reconquistando um público que cresceu assistindo aos desenhos importados dos Estados Unidos e da Europa.

A técnica do desenho animado fundiu-se à indústria cinematográfica, que foi capaz de difundi-la tanto em salas de exibição quanto adaptá-la para a nova telinha. Os primeiros desenhos americanos transmitidos no Brasil tratavam de animar bichos e insetos para mexer com o imaginário das crianças e seus animais de estimação. Eram cachorros, gatos, ratos e aves inteligentes (Bob Pai e Bob Filho, Olho Vivo e Faro Fino, Manda-Chuva, O Gato e o Rato, Piu-Piu) e outros mais exóticos ou curiosos (o jacaré Wally, a Formiga Atômica, os ursos Zé Colmeia e Catatau, o Fantasma Gasparzinho, a Pantera Cor-de-Rosa), além das famosas personagens da Disney, que compunham grande parte da programação infantil.

Esses desenhos são atemporais e as personagens não envelhecem nunca. O humor fácil usado nos desenhos da dupla Hanna-Barbera ainda é popular entre as crianças e continua atraindo os adultos. Durante as manhãs, o SBT consegue a liderança de audiência exibindo desenhos com personagens como Papa-Léguas, Ligeirinho e Gaguinho, que já divertiram gerações passadas.[11] O sucesso do passado fez a indústria de desenhos animados acompanhar as gerações e adaptar os roteiros. Personagens da pré-história, como *Os Flintstones* (produção com mais de trinta anos, transmitida por vários canais), já fazem parte da tentativa de atrair o público adulto para esse gênero. Atualmente há desenhos animados com enredo de sátira de costumes, como *Os Simpsons* (Globo), que atraem adultos e crianças. *A Família Dinossauro* (Globo) também trabalha com o cotidiano familiar e serve de ponto de encontro das gerações.

Encontrava-se na Rede Manchete um exemplo desse gênero, que não visa apenas ao público infantil. Ela classificava sua série de desenhos orientais no gênero infantil, mas no boletim de programação explicava que "a projeção da realidade pessoal funciona como via de catarse, o que explica por que adultos também se tornam fãs dos desenhos japoneses"[12].

A cultura da animação em TV conquista cada vez mais marmanjos e leva canais pagos e abertos a investir em produtos do gênero só para fisgar adultos. A explicação vem da audiência: metade do público é composto por adultos, em média, com idade acima de quinze anos. O humor *trash* e desbocado, característico da nova safra de desenhos, como *Beavis e Butt-Head*, *Os Simpsons* e *South Park*, disputa a audiência de sucessos como *Os Jetsons*, *Corrida maluca* e *Formiga Atômica*.[13]

FORMATO

Algumas emissoras classificam seus desenhos animados como série, o que aponta para a principal característica desse gênero quanto à sua formatação. O gênero é produzido em escala industrial e comercializado em pacotes, formando uma série de desenhos de curta, média ou longa duração (de três minutos a meia hora).

Os desenhos de longa duração passam para um formato programado como um especial. Há os que foram produzidos para o cinema e acabam vindo em pacotes comprados pelas emissoras. O Brasil também realizou experiências com a produção de desenhos animados de curta duração. Diretores brasileiros desenvolveram suas produções para programas infantis nas TVs Globo (programa *TV colosso*) e Cultura (*Glub-glub*).

O desenho animado passou a fazer parte dos gêneros jornalísticos na televisão ao assumir o formato de charge animada, enfocando principalmente questões políticas e assuntos de interesse público. A charge animada pode ser sonorizada, com trilha musical e narração em *off*, deixando a atração ainda mais próxima do gênero humorístico com conotação política. Artistas, cartunistas e humoristas de renome já aderiram ao gênero e assinam charges, cartuns ou desenhos, já consagrados no novo formato animado para televisão. É o caso de Chico e Paulo Caruso, Angeli, Dorinho, entre outros, que desenvolveram ou adaptaram seus trabalhos a vinhetas de televisão e ilustração de notícias de telejornais.

A ampla utilização do gênero desenho abre espaço também para a animação brasileira. Vários canais internacionais já procuram no Brasil novos talentos para a produção de desenhos animados utilizados em aberturas de programas, videoclipes, séries e charges animadas. A animação é o formato ideal para esses gêneros, porque obriga a síntese de ideias. O cartunista é um dos mais recentes exemplos de como um artista independente pode iniciar o trabalho em uma emissora, porque ele depende de poucos equipamentos de custo cada vez mais reduzido.

Em vários programas, como o seriado *Sãos e salvos*, da Cultura, os atores contracenam com desenhos. Isso promove um entrosamento perfeito entre dois gêneros de sucesso, utilizando os mesmos formatos: teledramaturgia e desenho.[14]

DOCUDRAMA

VISÃO GERAL

A fusão de gêneros dá origem aos mais variados programas, que, se aceitos pelo público, passam a identificar uma produção com características próprias e geram nova classificação. O gênero documentário, da categoria informação, tem uma fórmula para transmitir credibilidade e tratar de assuntos de interesse do público. É formatado, normalmente, com entrevistas e imagens com narração em *off*.

Quando o documentário se associa ao gênero teledramaturgia, da categoria entretenimento, para justificar um argumento ou ilustrar uma história real, o programa apresenta um novo gênero, denominado docudrama. Em suma, é um documentário dramatizado, com personagens encenando histórias reais, reconstituindo crimes, interpretando ações de personalidades ou protagonizando um assunto.

FORMATO

O gênero docudrama surgiu na esteira dos seriados que fizeram sucesso com o tema policial. Crimes hediondos, desastres, acidentes, mortes, contravenções penais e ações policiais de sucesso são alguns dos mais requisitados assuntos dos roteiros dos programas do gênero docudrama. Nesse sentido, o formato séries e os telejornais segmentados nos assuntos policiais dão ao docudrama um espaço garantido em horário nobre nas programações das TVs voltadas para um público mais popular.

O radialista Gil Gomes implementou o formato no rádio, levou-o para a televisão e angariou vários seguidores, entre eles o repórter Marcelo Rezende – idealizador do apavorante *Linha direta*, que apresenta casos reais reconstituídos. Pavor é o que não deve faltar na fórmula, pois o docudrama é uma oportunidade para o apresentador em estúdio realçar o ponto alto do programa, enfocando sempre o drama vivido por cidadãos comuns, que pode fazer parte do cotidiano das pessoas.

O que mais apavora é que o docudrama mantém a audiência cativa nos formatos seriados. É também utilizado pelo gênero religioso, para convencer a audiência a se arrepender de pecados apresentados pelos protagonistas das histórias de vida perversas. Em muitas produções, o docudrama apresenta-se como prestação de serviços, caso enfoque histórias de pessoas desaparecidas, por exemplo.

A fórmula pode ser aplicada com fins não sensacionalistas – em programas educativos e instrutivos ou com o objetivo de apresentar soluções para problemas cotidianos.

ESPORTIVO

A TV é um esporte violento.
João Saad, fundador da Rede Bandeirantes

VISÃO GERAL

A estrutura de produção e o formato dos programas do gênero esportivo influenciam diretamente a classificação da sua categoria, que tanto pode ser de entretenimento quanto de informação ou, em algumas poucas experiências, também de educação.

As redes brasileiras montaram programas do gênero esportivo sobre a paixão nacional, o futebol. Com isso, há poucas variações na forma e no conteúdo das produções. O principal diferencial entre uma rede e outra é o tempo que cada qual destina ao gênero.

Alguns programas o tratam com maior amplitude (*Esporte total*, na Bandeirantes; *Esporte espetacular*, na Globo) e conseguem abordar outras categorias esportivas – automobilismo, vôlei, basquete, tênis e provas de atletismo são os que mais aparecem no vídeo. Mas a categoria esportiva que permanece mais tempo no ar é o futebol, com jogos regionais e nacionais, e principalmente os amistosos e campeonatos dos quais a seleção brasileira participa.

Por causa da necessidade de profissionais do jornalismo que utilizam equipamentos para gravação externa e também de infraestrutura de estúdio em horários descontínuos, os programas do gênero esportivo inserem-se na estrutura dos departamentos de telejornalismo das redes.

Os profissionais contratados pelas emissoras para narrar, comentar ou apresentar as transmissões esportivas são uma atração à parte dos programas. Os narradores e comentaristas esportivos desenvolveram técnicas próprias e imprimiram sua marca de empatia com o público cativo desse gênero. Os programas esportivos acompanham a marca do profissional, que pode mudar de emissora, mas mantém a mesma receita.

A negociação dos direitos de transmissão de campeonatos esportivos tem feito o gênero se misturar a interesses que dispensam o respeito ao público – seja o que vai aos estádios, seja o telespectador. Os horários de exibição são fixados de forma que atendam aos interesses das empresas que compram os direitos de transmissão e são encaixados na grade de programação. Não existe evento esportivo no mundo que se realize sem essa cláusula no contrato de transmissão. Na maioria dos grandes eventos esportivos, as negociações são feitas entre as emissoras e as empresas de *marketing* esportivo detentoras dos direitos de transmissão ou promotoras do evento. Por isso, não é raro os torcedores de futebol comparecerem ao estádio às 22 horas de um dia qualquer da semana para assistir ao jogo programado para começar após a novela.

Isso demonstra a força do maior veículo de comunicação, que alavanca os patrocínios esportivos e transforma o esporte em um gênero de televisão muito rentável. Os programas chegam a preencher duas ou três horas da programação. Os custos de uma transmissão esportiva, comparados com os de outros gêneros – novela, por exemplo –, são relativamente baixos, porque dispensam cenários, a equipe técnica pode ser reduzida e os salários da equipe de produção e jornalismo são fixos, independentemente do número de programas durante o mês. Não é à toa que muitas das disputas pela compra de eventos esportivos, como a Copa do Mundo de futebol ou as Olimpíadas, vão parar na justiça.[15]

FORMATO

A proximidade com o gênero telejornalismo já sugere a formatação do gênero esportivo. O programa mantém apresentadores, repórteres, entrevistas em estúdio em padrões adotados pelos telejornais da emissora.

O formato documentário também é usado por algumas redes, pois demonstra sua disposição de investir em produções da área na programação.

O formato debate também faz parte do folclore esportivo e está presente em praticamente todas as redes. O mais antigo programa de debate esportivo, *Mesa-redonda* (Gazeta), leva no nome seu formato. O formato mesa-redonda é também utilizado em outras redes, na Cultura (*Cartão verde*) e na Bandeirantes (*Apito final*). Os três apresentam comentários dos jogos mais recentes e debatem com jogadores, esportistas, dirigentes e torcedores aquilo que ocorreu nas partidas. É o chamado tira-teima do esporte.

FILME

VISÃO GERAL

A programação de todas as redes solidificou um produto que torna a televisão inseparável do cinema. São os filmes, nacionais e estrangeiros, que alimentam a parceria das duas indústrias, a televisiva e a cinematográfica.

Nos Estados Unidos, a produção de filmes para televisão é um negócio à parte da indústria hollywoodiana de longa-metragem. Vendidos para o mundo todo, em séries ou capítulos, os filmes estão presentes em todas as redes e carregam a história da televisão atrelada aos modismos. Com isso, lançam músicas, roupas, penteados, carros, comportamento e chegam a influenciar a produção nacional de ficção.

Além dos filmes produzidos especialmente para a televisão, há também os filmes do circuito comercial, que são disputados pelas emissoras, pois propiciam altos índices de audiência. Os longa-metragens são negociados pelas distribuidoras em pacotes, que contêm uma carga de enlatados (filmes de procedência estrangeira sem repercussão comercial), também aproveitados nos horários alternativos (de tarde e de madrugada).

FORMATO

A classificação original do gênero do filme, dada pelo produtor ou distribuidor – drama, comédia, romance, suspense, terror, aventura etc. –, normalmente cede lugar para a classificação do formato divulgado pela rede de televisão (filme, série, minissérie). Isso porque a estratégia de programação desse gênero atende à grade horária de programação. Por exemplo: no caso das séries, sempre no mesmo dia da semana ou do mês.

Os filmes americanos produzidos para TV estão divididos basicamente em quatro formatos: seriados, teleproduções, docudrama e minisséries.[16] No Brasil, ficaram conhecidos os policiais, com muita ação e aventura, e as séries de detetives, que substituíram os filmes de bangue-bangue. As explosões e os acidentes automobilísticos são atrações constantes do gênero, que tem público cativo no mundo todo e em boa parte da programação das emissoras brasileiras.

O cinema brasileiro de todas as épocas tem lugar na programação de algumas emissoras, como no *Cine Brasil* (Cultura). A TV cada vez mais abre espaço para as novas produções. Experiências combinadas com filme e TV, como *Confissões de adolescente* (Cultura), fazem parte da estratégia para alavancar a indústria cinematográfica nacional.

Por ser um programa pronto e acabado, comprado das distribuidoras em lotes ou pacotes com várias produções, a emissora pode programar a exibição de acordo com critérios de audiência. Desde 1996, os telespectadores escolhem por telefone o filme que será exibido no dia seguinte no programa *Intercine* (Globo). É uma nova forma de garantir a audiência, buscando agradar a maioria.

GAME SHOW (COMPETIÇÃO)

VISÃO GERAL

A categoria entretenimento possui dois elementos para alcançar resultado: promover o interesse e, se possível, manter o telespectador atento. Nesses quesitos, o gênero *game show*, batizado nos Estados Unidos e conhecido no mundo inteiro por esse nome, domina a tela e o público.

No Brasil, os programas de maior duração (*Silvio Santos*, com dez horas; *Domingão do Faustão*, com três horas e quarenta e cinco minutos) estão concentrados num único dia, o domingo, especialmente porque esse é o dia de folga das donas de casa e dos maridos. Nos Estados Unidos, os *game shows* costumam durar trinta minutos e são transmitidos de segunda a sexta-feira. Nos dois países, parte da grade horária de sábado inclui programas de competição entre escolas. No Brasil, o *show* de sábado é apresentado por profissionais e artistas com até quatro horas de duração. Nos Estados Unidos, também há programas que transmitem aos sábados *game shows* educativos para os jovens.

Uma diferença entre os *game shows* apresentados nos dois países é a interatividade com o telespectador. Enquanto aqui alguns *game shows* são essencialmente para serem vistos passivamente (os jogadores estouram balões nos outros, caminham sobre pontes ou pedras escorregadias), essas proezas físicas não são comuns nos *game shows* americanos. Ao contrário, lá os jogos incentivam a audiência a participar e a jogar durante o programa e os telespectadores são estimulados a interagir durante a transmissão.

FORMATO

A fórmula do sucesso é desenvolver a mecânica dos jogos, verificar como funcionam com os participantes e qual a reação da audiência, o *timing*, com regras de fácil compreensão. Importar a fórmula acaba por ser mais vantajoso em alguns casos, porque a emissora evita manter um laboratório de formatos e arcar com os custos das experiências. Por outro lado, torna-se rentável criar um novo programa, pois, ao vender um formato de jogo, a empresa que o criou pode vendê-lo para emissoras do mundo todo e cobrar pelo acompanhamento de toda a produção, que pode ir da seleção dos apresentadores à avaliação dos programas exibidos.

O formato de *game show* mais comum é o de auditório, com os competidores no palco disputando entre si (como o antigo *Roletrando*, do SBT). Apresenta um convidado famoso contra outro, com ambos formulando perguntas ou pedindo ao adversário que faça algo. Esse tipo de programa, somente de perguntas e respostas, também é classificado por *quiz show*. Alguns apresentadores (Xuxa, Silvio Santos e Faustão) levam nos seus longos programas alguns segmentos de jogos, que se desenrolam com as demais atrações.

O Brasil já explorou todas as faces do *game show*. Desde brincadeiras sadias e inteligentes até as eróticas. Diferentemente de qualquer *game show* americano, no erótico *Cocktail* (comandado pelo *showman* Miéle), as assistentes e convidados do programa tiravam a roupa à medida que acertavam ou erravam as perguntas. O elenco chegava seminu ao fim do programa. Ia ao ar de madrugada na rede SBT. O formato veio da Itália, mas a produção era genuinamente brasileira.[17]

HUMORÍSTICO

VISÃO GERAL

Outro gênero que veio do rádio com a mesma expectativa de sucesso foi o humorístico. Os programas produzidos pelas redes nacionais marcaram época e alavancaram nomes que moldaram o humor brasileiro na televisão. A popularidade do gênero no Brasil também leva a fama de estimular as vendas de aparelhos de televisão no país.

> A TV Rio foi a grande televisão do Rio de Janeiro. Foi ela que pela primeira vez entrou em diálogo com o espectador, abrindo seu auditório para um público que vibrava com a linha de programação humorística, que incluía até alguns programas de São Paulo, como *Praça da alegria* e *Não durma no ponto*, do Golias e do Manoel de Nóbrega. A grande força da televisão passou a ser a programação ao vivo, em cima de talentos da comicidade como Sérgio Porto, Haroldo Barbosa, Antônio Maria, Max Nunes, os mais

> antigos do rádio, e especialmente Chico Anysio, que era aprendiz de todos esses. Era uma estação extremamente alegre, que lançou inclusive alguns programas com o intuito de vender aparelhos de televisão.[18]

Durante o período da ditadura militar, os programas humorísticos traziam mensagens codificadas que minimizavam a pressão política e econômica da época; era uma crítica consentida. As dificuldades do povo passavam a ser engraçadas. Alguns quadros, como "O primo pobre e o primo rico", da década de 1970, com o ator Paulo Gracindo no programa *Balança mas não cai* (Tupi), satirizavam a diferença de classes. O programa mostrava o cotidiano dos moradores de um condomínio e foi marcante pelo elenco numeroso, que compunha vários esquetes.*

Durante a abertura política após a ditadura militar, os quadros de humor foram invadidos por outros temas: o da corrupção, da carestia e do próprio militarismo. Ridicularizavam situações e figuras políticas. Serviram, novamente, para tratar temas nacionais de maneira despreocupada, para uns, e alienante, para outros.

Apesar do histórico de sucesso, os programas humorísticos não estão presentes na grade de programação de todas as redes, por vários motivos. Entre eles, a falta de disponibilidade de humoristas já conhecidos que atraiam a audiência e a necessidade de manter um elenco fixo, o que torna o gênero custoso. A fórmula anda bastante desgastada:

> [...] esses programas, na sua maioria produzidos pelo SBT e pela Record, baseiam-se na comicidade grotesca popular, com forte dose de licenciosidade, baixaria, deformação do corpo. Bons exemplos desse estilo de programação são *A praça é nossa* e *Ô, coitado!*, do SBT, e *Escolinha do barulho*, da Record.[19]

* Esquete (aportuguesamento do inglês *sketch*) é um termo utilizado para denominar quadros de curta duração inseridos em um programa de TV (veja em "Formatos", a seguir).

A falta de redatores leva o gênero a repetições contínuas de velhas fórmulas, com formatos que atravessaram o século XX e, pelo jeito, terão lugar garantido na TV digital. *A família Trappo*, *A crônica de Ary Madureira* (interpretada por Chico Anysio no *Fantástico* por quinze anos), a *Praça da alegria* (criada por Manoel de Nóbrega em 1953 e ainda apresentada por seu filho filho Carlos Alberto de Nóbrega), *Os trapalhões* e *Casseta & Planeta* são exemplos do genuíno humor brasileiro que fez escola e influenciou a criação de outros programas do gênero. As *sitcoms*, gênero de humor de sucesso também nos Estados Unidos, fazem parte do repertório das produções brasileiras. *A grande família*, da Globo, é um exemplo de *remake* que voltou ao ar devido ao sucesso há mais de trinta anos.

Para alguns diretores de TV, não há como fugir à fórmula do pioneiro *Praça da alegria* – um grupo de humoristas em quadros que levam à *sitcom* ou aos bordões. Maurício Sherman, diretor de grandes humorísticos de sucesso desde a era do rádio, explica que nesse formato fica mais fácil apresentar os bons e velhos temas de piadas de que o público mais gosta: sexo, o caipira na cidade grande, a escatologia, o político corrupto e as dificuldades financeiras do país.[20]

Os trapalhões (Globo) é um programa humorístico voltado para crianças que também visa ao público adulto, com algumas piadas picantes e de apelo sexual. Com a morte de alguns integrantes do grupo, o programa foi rebatizado com o nome do principal comediante, passando a se chamar *A turma do Didi*. Apesar da novidade, *Os trapalhões* atualmente cabe em qualquer horário da grade e atende a várias faixas etárias, proporcionando dezenas de reprises de programas produzidos há mais de uma década.

FORMATO

Os formatos aplicados ao humor na TV seguem vários estilos, de tradicionais, como os de auditório, aos mais ousados, como os documentários ou entrevistas. Os profissionais do humor brasileiro são parte da história do gênero. Moacyr Franco, Ronald Golias, Dedé, Didi, Mussum e Zacarias (*Os trapalhões)*, Chico Anysio, Jô Soares, quase todos tiveram programas com seu nome. Era uma forma de a emissora divulgar o programa, que vem num formato de sucesso já conhecido do público.

Os formatos mais utilizados pelos humorísticos são o de auditório, como *Família Trappo* (Record) e *Sai de baixo* (Globo), e os quadros ou esquetes, como em *A Praça é nossa* (SBT) e *Casseta & Planeta* (Globo), este com vários formatos internos – reportagens, telejornal, videoclipes e outros.

O humorismo passa a ser o coringa da programação, pois já foi do horário nobre, com apresentação somente aos domingos, já esteve de segunda a sábado e, na grade de 1996, aparecia na hora do almoço. O gênero e o formato são bem adaptáveis à reação da audiência e suas reprises são incontáveis. Historicamente, fazer rir sempre deu resultado, tanto que "Aristófanes e Platão, na Grécia clássica, utilizavam-se do riso para fustigar a sociedade de sua época".[21]

INFANTIL

VISÃO GERAL

Nenhum outro gênero de televisão reúne na produção tantos profissionais de diferentes áreas quanto o infantil[22]: em algumas produções, psicólogos, educadores, médicos e profissionais de educação física são consultados pela equipe de TV. Na tela e fora dela, também discutem a importância dos programas infantis, juntamente com os pais.

A televisão mantém o atributo de babá eletrônica neste país, em que as crianças passam poucas horas na escola. Por isso, o gênero infantil garante para elas diversão passiva desde o início do dia até o fim da tarde. E há alguns anos está fazendo a família disputar o controle remoto com as crianças também no horário nobre.

As redes abraçaram a deficiência da qualidade do ensino público e dedicam boa parte da programação a crianças, apoiadas por patrocinadores, que reconheceram o potencial do consumidor mirim, com forte poder de pressão na família.

Desde o início da televisão no Brasil, os programas do gênero infantil se firmaram em atrações que despertam o interesse da criança. O espetáculo circense foi um dos primeiros a pular para a telinha:

> Ainda em 1953, a TV Paulista teve a iniciativa de apresentar aos seus telespectadores um programa no formato de circo, entregue ao palhaço Arrelia e com o nome deste: *Circo do Arrelia*, que atraiu forte interesse do mundo infantil.[23]

Os programas infantis sempre buscaram experiências internacionais e também argumentos da literatura para os roteiros de programas que entraram para a história e influenciaram o gênero, como o *Vila Sésamo*, produzido pela TV Cultura (versão brasileira do americano *Sesame Street*) e *O sítio do pica-pau-amarelo*, da extinta TV Tupi e, posteriormente, da TV Globo, com histórias do escritor Monteiro Lobato.[24]

> Outro programa que também nasceu na Tupi em 1952, com intuitos culturais e lúdicos visando à infância, foi o *Sítio do pica-pau-amarelo*, que levou às telas da televisão os personagens e as histórias de Monteiro Lobato.[25]

Programas importados dos Estados Unidos, principalmente desenhos e séries, trouxeram heróis (Tarzan, Super-Homem e outros) e personagens dos quadrinhos. Da América Latina vieram especialmente as novelas e as séries, que foram bem recebidas pelas crianças, que, segundo estudos, são mais exigentes do que os pais.

> Em relação ao melodrama, as crianças são mais seletivas nos gostos do que os adultos, pois se reconhecem nas telenovelas e se envolvem com

> elas quando há uma interação possível entre as personagens e elas, como no caso da telenovela *Carrossel* (SBT), de cuja história gostavam porque se identificavam com determinados papéis. Elas formam o grupo mais expressivo de espectadores, pois não têm barreiras para assimilar os sentimentos que o texto sugere – gritam, aplaudem, se enfurecem e até ficam tristes com as histórias; ademais, não há limitações para expressar os movimentos corporais imitando as personagens.[26]

A audiência dos programas infantis aumentou ao longo dos anos e foi acompanhada pela multiplicação de profissionais do gênero. Na apresentação de programas infantis, houve a introdução do padrão loira e bonita, como Xuxa, Angélica e Eliana (as duas primeiras passaram pela extinta TV Manchete), e outras nem sempre loiras, mas com o mesmo apelo de beleza e sensualidade.

Quebrando a tradição de apresentadoras, no fim da década de 1980, a Rede Cultura, televisão educativa de São Paulo, imprimiu um padrão de qualidade nos programas infantis com suas produções *Castelo rá-tim-bum* e *Glub-glub*, que transformaram o gênero em atração familiar. Chegou até a figurar no horário nobre, tornando-se opção no horário dominado pelas novelas.

FORMATO

O sítio do pica-pau-amarelo, *Vila Sésamo* e *Castelo rá-tim-bum* são produções do gênero infantil, nos formatos de capítulos e seriados, que marcaram época e influenciaram o gênero. O formato de programas como *Pullmann Júnior* (1967, da TV Excelsior, canal ocupado em São Paulo pela rede Manchete e atual Rede TV!) foi copiado por muitos outros canais: ao vivo e de auditório, com entrevistas, brincadeiras e atrações controladas por uma apresentadora (em raros casos é um homem) ou personagens fantasiadas de bicho e palhaço. Os desenhos fazem parte da programação infantil, acompanhados de filmes estrangeiros.

Quadros com personagens criadas por autores nacionais exploram o folclore e as brincadeiras, algumas das quais estimulam a criatividade e ensinam a construir brinquedos e a utilizar materiais diversos, como papel, tinta e madeira. Os *game shows* também são utilizados para prender a atenção do espectador. A criança pode participar em casa ou torcer por um competidor ou equipe convidada para o programa. Musicais também são frequentemente produzidos.

INTERATIVO

VISÃO GERAL

Na época em que a TV por assinatura garante ao telespectador escolher o programa - com certa limitação -, as redes abertas buscam fórmulas para permitir a interatividade do telespectador com a emissora.

O programa da TV brasileira que permitiu a mudança imediata no conteúdo exibido foi *Você decide* (Globo). Seu enredo dramático aproveitava o *know-how* da emissora em programas ficcionais:

> [...] misto de desejo e necessidade de intervenção, foi explorado pela TV Globo em 1992 com o programa *Você decide*. Nesse programa eram apresentadas histórias com dramas morais, cuja decisão era deixada nas mãos do telespectador, que fazia sua opção por telefone, vencendo a escolha com maior número de telefonemas. Essa fórmula fez sucesso, com uma média de 35 pontos no Ibope, e foi exportada para 40 países.[27]

FORMATO

O formato do programa classificado de interativo ainda se restringe ao capítulo único, com apresentador ao vivo no estúdio informando o placar das ligações telefônicas com os votos do público.

A entrevista também é utilizada para instigar o público a dar um palpite sobre o final do capítulo. Nesse caso, o público se encontra na rua e a entrevista vai ao ar ao vivo, durante os comentários do apresentador, no intervalo da trama. Os formatos utilizados nesse gênero interativo agilizam a produção e mudam de cenário, do irreal para o real.

A imprensa acusa alguns programas com votação por telefone de camuflar os resultados por meio de porcentuais, de nem sempre filtrar a repetição de ligações e de usar amostras sem perfil claro do telespectador. Para evitar vários votos em uma mesma opção dados pelo mesmo número de telefone, a emissora precisa pedir à operadora que bloqueie essas chamadas. Além de aumentar o custo de produção, o bloqueio nem sempre ocorre porque impediria que pessoas da mesma residência dessem os seus votos.[28] Na fórmula criada para o programa *Você decide*, da Globo, a cada bloco a opinião do público pode mudar.

Já se usou a fórmula interativa também em novela. Em *Primeiro amor*, da Record, o público podia mandar perguntas por telefone ou *e-mail* e a personagem da novela, uma locutora de rádio, respondia aos espectadores com conselhos sentimentais.[29] Os *reality shows* também utilizam a fórmula interativa para dar ao telespectador a possibilidade de decidir sobre algumas fases do programa.

MUSICAL

VISÃO GERAL

A força da música popular brasileira sobre o público influenciou a criação de um gênero com as mesmas características, forte e popular. Os programas musicais estão presentes em todas as redes, às vezes em forma de "especiais" ou de auditório ou *shows* ao vivo.

O interesse do telespectador pelo gênero musical está ligado às várias fases políticas do Brasil.

> A música popular brasileira vem exercendo uma importante função de polo de atração e de irradiação de nossos debates político-culturais, particularmente nos últimos doze anos. Essa função fora exercida anteriormente por outras manifestações artísticas: literatura, artes visuais, cinema, teatro.

> Por que se deu esse deslocamento do centro de aglutinação? Tal como vejo, por dois motivos principais: a elevação do repertório da MPB, a partir da bossa nova, e o surgimento no mercado do que eu chamo de minorias de massa, compostas principalmente de estudantes universitários.[30]

A televisão acompanhou as várias fases da MPB como promotora de festivais e de novos nomes, o que levou à criação do perfil dos programas do gênero musical.

> Em 1965-66 tem início a reação contra a bossa nova, a MPB entra em sua fase neomodernista: com as letras de conteúdo rural-nacionalista, observa-se o retorno à melodia e à tonalidade tradicionais. Começam os festivais, e a TV é o seu profeta. Mas a avalanche *pop* tomava conta do mundo – e o tropicalismo surge para aparar os golpes dessa realidade [...].[31]

Os festivais de música foram sucesso em várias emissoras. O primeiro festival de MPB, promovido pela TV Excelsior (1966), e o segundo, pela TV Record (1967), abriram caminho para o gênero aparecer cada vez mais na grade de programação de emissoras que disputavam audiência, músicos e cantores para os seus programas. O diretor de programas Fernando Faro produziu na Tupi o programa histórico *35 anos de MPB*[32], mostrando todas as sua fases, e permaneceu na direção de vários musicais de diferentes redes.

FORMATO

Os festivais de música, de 1965 a 1969, nas redes Record e na extinta TV Excelsior, os programas *O fino da bossa* e *Carrossel*, na TV Rio, nos anos 1960, foram algumas das produções musicais que contribuíram para a consolidação do gênero e dos seus formatos na TV brasileira. Qualquer que seja a forma de transmissão do programa, a intenção dos musicais é dar a impressão de transmissão *ao vivo*, independentemente do ano de produção ou de o programa ser inédito ou reprise.

O público dos programas musicais passa a ser um elemento indispensável. Por isso, a formatação do gênero musical com auditório é a mais tradicional – *Sabadão sertanejo*, do SBT; *Som Brasil*, da Globo; *Viola minha viola*, da Cultura.

Os *shows* com público, como o *Bem Brasil* (Cultura), produzidos e gravados em locais mais amplos do que os auditórios, como praças ou estádios, também aparecem como elemento de valorização do artista e de aquecimento do espetáculo.

A cobertura ao vivo de eventos musicais, como *shows* e apresentações públicas, também permite entrevistas e reportagens. O videoclipe é outro formato que costuma fazer parte da programação das redes, algumas das quais transmitem produções realizadas pelas gravadoras.

NOVELA

VISÃO GERAL

O gênero favorito e mais popular é o das novelas, também chamadas na literatura especializada de teledramaturgia ou ficção. Um exemplo da sua valorização está na grade de programação, em que, de cinco a seis dias por semana, as novelas aparecem entre as 18h e 21h, separadas por telejornais.[33] A Rede Globo ainda reprisa suas produções diariamente, à tarde.

As histórias são classificadas por Renato Ortiz de "realistas, literárias e comédias"[34]. O sistema de produção de telenovelas apresenta inúmeros elementos organizados para motivar a resposta desejada do telespectador: melodrama, tipos humanos, atores, diálogos, locações, cenários, música, figurino, maquiagem, planos de câmera, horário, edição e muito mais.[35] A riqueza de detalhes chega a ser hollywoodiana, segundo Daniel Filho, diretor de novelas da Rede Globo, que revela ter buscado no cinema americano a fórmula para produzir as novelas e aperfeiçoá-las na TV.[36]

Os investimentos cada vez maiores dão ideia da importância financeira do gênero no faturamento das redes.

> Cada capítulo de uma novela custa à TV Globo cerca de 105 mil dólares, duas vezes mais do que despende a sua concorrente brasileira SBT e 14 vezes mais do que a concorrente mexicana Televisa.[37]

Atualmente, essas cifras foram reduzidas em mais de 60%, pois cada capítulo de novela custa em média 40 mil dólares.

Zevi Ghivelder, ex-diretor de programação da Rede Manchete, disse que "não há uma grande rede de televisão no Brasil sem novelas". A explicação é direta: "A telenovela é o produto mais rentável da história da televisão mundial", além do que ela "paga toda a televisão brasileira". A atração do público pelo universo ficcional que molda as telenovelas e a rentabilidade econômica são, portanto, os componentes do sucesso do gênero.[38]

O primeiro ponto a destacar é o definitivo abrasileiramento do gênero: as histórias atravessam um período de nacionalização do texto, das temáticas e mesmo da linguagem televisiva.[39] As redes brasileiras desenvolveram um tipo de texto na novela que estimula a interação familiar cotidiana até quando come, lê e conversa, possibilitando ao telespectador deixar de assistir alguns capítulos sem perder a sequência da trama.[40] Os assuntos tratados são conflitos de interesses, luta de classes sociais, frequentemente no cenário urbano.[41]

DESENVOLVIMENTO HISTÓRICO

As raízes históricas da telenovela estão no século XIX. Vários estudos reconhecem o *romance-folhetim*, de origem francesa, como o princípio da fórmula da telenovela. O folhetim é uma forma de texto literário (romance ou novela), principalmente impressa em capítulos, e também aproveitada pelo teatro e pelo rádio em episódios. Quando transposta para o palco, "nada mais é do que um teatro móvel que vai buscar os espectadores em vez de esperá-los".[42]

A grande popularidade do folhetim influenciou os demais gêneros da literatura e os meios de comunicação. No rádio, o folhetim também deixou sua marca nos programas de ficção. Na década de 1940, os Estados Unidos levaram as histórias seriadas ao rádio, mas foi em Cuba, por volta de 1935, que começaram a surgir as radionovelas.[43]

A televisão, por sua vez, utilizou-se de fórmulas consagradas do seu antecessor eletrônico. Nos Estados Unidos, o sucesso das radionovelas estimulou a adaptação dessa linguagem para a TV, que batizou suas séries televisivas de *soap opera*. O nome vem das indústrias de sabão (*soap*, sabão em inglês) que patrocinaram as primeiras produções. O alto retorno publicitário fez as empresas exportarem o gênero para a América Latina.[44]

No Brasil, as novelas percorreram caminho semelhante ao das *soap operas* americanas, com algumas inovações. O sucesso da radionovela no Brasil desde 1941 refletiu-se nas produções televisivas seriadas. A primeira telenovela, *Sua vida me pertence*, de autoria de Walter Foster, estreou em 1951 na TV Tupi. Somente

AS MELHORES NOVELAS PRODUZIDAS NO BRASIL, SEGUNDO OS ESPECIALISTAS E PROFISSIONAIS DE TV[46]

Preferência	Título	Emissora	Ano
1º	*Dancin' Days*	Globo	1978
2º	*Roque Santeiro*	Globo	1985
	Vale tudo	Globo	1988
3º	*O bem-amado*	Globo	1973
4º	*Pantanal*	Manchete	1990
5º	*Guerra dos sexos*	Globo	1983
6º	*Beto Rockefeller*	Tupi	1968
7º	*Gabriela*	Globo	1975
	Irmãos Coragem	Globo	1970
8º	*Que rei sou eu?*	Globo	1989
	Selva de pedra	Globo	1972
9º	*Escrava Isaura*	Globo	1976
10º	*Pecado capital*	Globo	1975

Fonte: Revista Época, 20 ago. 2001.

em 1963, com a estreia na TV Excelsior de *2-5499 ocupado* (com Tarcísio Meira e Glória Menezes), do argentino Alberto Migré, a telenovela assumiu seu formato diário.[45]

A telenovela, ainda o gênero campeão de audiência da televisão brasileira, reflete momentos da história, dita modas, mexe com o comportamento da sociedade, influencia outras artes, presta serviços sociais, enfim, está ligada à vida do brasileiro de todas as idades e faixas sociais. As aferições atuais de audiência revelam a presença cotidiana da telenovela na vida dos brasileiros.[47] O gênero telenovela desafia o conceito de telespectador passivo ou de TV como fonte de alienação, visto que o brasileiro percebe que sua vida está retratada nos folhetins diários.

As emissoras que não conseguem manter núcleos de teledramaturgia importam enlatados mexicanos e *sitcoms* americanas, mas não deixam de programar folhetins para o horário nobre, porque têm audiência garantida.[48]

FORMATO

Apesar da ligação histórica, existem alguns pontos que acentuam as diferenças entre a *soap opera* americana e a telenovela brasileira:

1 A *soap opera* pode continuar por vários anos, enquanto a novela brasileira tem de 150 a 180 capítulos, que duram em média seis ou sete meses.[49]
2 A programação da novela brasileira é diária, enquanto as *soap operas* têm periodicidade mais elástica.
3 A telenovela agora está muito próxima da vida, do dia a dia do brasileiro. As telenovelas brasileiras incluem forte dose de realismo.[50]

As telenovelas buscam vários públicos com a mesma fórmula. É a receita do SBT, com novelas voltadas para o público infantil (*Chiquititas*), e da Globo, com produções que apresentam temas de interesse do jovem e adolescente (seriado *Malhação*).

O formato utilizado pelo gênero novela é praticamente o mesmo em todas as redes: capítulos diários, sequenciados, com duração média de 30 a 40 minutos.

QUIZ SHOW (PERGUNTAS E RESPOSTAS)

VISÃO GERAL

Fórmula que mistura programa e jogo, o *quiz show* é um programa de TV em que os participantes ou as equipes devem acertar o maior número de respostas para ganhar um prêmio, muitas vezes grandes quantias em dinheiro ou um bem valioso que estimule o interesse do público, que também pode participar e ganhar prêmios. O *Show do milhão*, de sucesso estrondoso no SBT, representa a tendência mundial de aderir ao formato para tapar buracos na programação. No Brasil, abriu as portas para o gênero *quiz show*, já conhecido porém um pouco esquecido como atração de sucesso.

A fórmula é explicada sem mistérios pelo entusiasta do gênero no Brasil, o apresentador e proprietário do SBT, Silvio Santos. Ele comenta sobre os programas em que os convidados e telespectadores devem adivinhar letras de músicas e responder a perguntas:

> No meu programa, há uma parte com perguntas e respostas. Se em dez perguntas o telespectador não conseguir responder pelo menos seis, ele vira o botão, vai ver outra coisa; diz que o programa está ruim. Mas, se ele responde as dez, fica bem com a mulher, com os filhos, com ele mesmo e fica satisfeito comigo, com o programa. Dá audiência, entende?[51]

Silvio Santos se especializou na importação de formatos de sucesso, como *Qual é a música*, irmão gêmeo do americano *Name that tune*. O mais recente sucesso do homem do Baú, o *Show do milhão*, não é órfão e também tem um irmão americano, *Who wants to be a millionaire*.

O interesse por jogos é um fenômeno mundial e, como tal, capaz de alavancar um negócio cada vez mais rentável: a globalização de formatos prontos. A norte-americana Columbia, que se tornou TriStar International Television (CTIT), ligada ao Grupo Sony, desenvolve, produz e vende programas de TV para o mundo todo, principalmente no gênero *game show*. Em dez anos, a Columbia já criou oitenta formatos de jogos para 22 países, entre eles França, México, Rússia, Líbano, Argentina e Inglaterra.[52]

Quem compra um formato com o acompanhamento da equipe de criação tem menos possibilidade de erro na produção do programa, como os que já ocorreram no *Show do milhão*, no qual, em 190 programas, foram apontadas oito falhas por telespectadores, pela imprensa e pelos próprios participantes que se sentiram prejudicados.[53] Nesse tipo de jogo que recebe a colaboração dos telespectadores, a produção também gasta com o pagamento das sugestões de perguntas, além de manter uma equipe de produção para elaborar e checar as questões. O SBT afirma ter gasto 300 mil reais em dois meses no pagamento de perguntas formuladas por internautas para o *quiz show*.

Muitos negócios estão sendo gerados pela criação de novos formatos de *quiz show*. A Telefónica, dona da emissora Telefe na Argentina, tem participação na Endemol, produtora holandesa que é a maior concorrente da Columbia na arte de exportar formatos, só que na área de *reality shows*, como *Big Brother*. A Record lançou o *game show Roleta-russa*, um formato comprado da Columbia, que assina a coprodução.

FORMATO

O gênero *quiz show* utiliza em praticamente todas as produções o formato auditório. Em algumas, o público do estúdio participa do programa com os artistas e o telespectador. É necessário haver um apresentador no estúdio para mediar o jogo, manter as regras e controlar a duração do programa.

Por ser um programa dependente de vários elementos de produção que podem atrasar os jogos, algumas redes preferem gravá-lo para posterior edição e exibição.

O *quiz show* também tem as características do *game show*. Assim, deve haver perfeita sintonia entre apresentador, auditório e convidados, para que o programa promova o interesse do espectador quando não há possibilidade de interação.

REALITY SHOW

VISÃO GERAL

O *reality show*, que mistura a fórmula de um *game show* de resistência na selva com câmeras captando as reações dos participantes, chegou ao Brasil em 2000 batizado pela Rede Globo de *No limite*, após a sucesso de programas internacionais como *Survivor*, da rede americana CBS, o inglês *The 1900 house* e o espanhol *El Gran Hermano*. Todos esses seguem os mesmos princípios do filme *Truman show*, no qual a vida da personagem é vigiada por câmeras espalhadas por toda a cidade, a casa dele inclusive.

A ideia vem de um fetiche que, segundo Freud, está presente em todo ser humano, o *voyeurismo*. A palavra *voyeur*, que antes significava "pessoa que vê algo por curiosidade", mudou de sentido no século XIX para designar os indivíduos que obtêm prazer sexual observando outras pessoas nuas ou na intimidade. O termo foi usado em 1866 na obra *Psychopathia sexuallis*, um catálogo que descreve várias formas de fetiche e perversão, de autoria do psiquiatra alemão Richard von Krafft Ebing. Mas foi o seu aluno Sigmund Freud, o pai da psicanálise, quem soube explicar o mecanismo desse prazer de ver o proibido. Para ele, o voyeurismo faz parte da vida das pessoas comuns, e só em casos extremos é que se torna doença.[54]

Big Brother foi sucesso em 1999 na Holanda, que o vendeu para outros 21 países rapidamente. O SBT lançou em 2001 a sua primeira incursão pelos *reality shows* com a *Casa dos artistas* após frustadas negociações com a Endemol, proprietária da marca *Big Brother*.*

---

* O nome foi inspirado na obra escrita em 1948 por George Orwell (pseudônimo de Eric Arthur Blair) intitulada *1984* (inversão dos dois últimos algarismos da data de criação).

A empresa holandesa não vende apenas o formato e só faz contratos de coprodução para garantir a aplicação da fórmula correta e aumentar sua participação nos lucros. A Endemol exigia uma sociedade com Silvio Santos em uma produtora e isso fez o SBT não comprar o formato e produzir um programa similar, com artistas vivendo em uma casa por longo período. Enfrentou processos por isso, movidos pela Rede Globo, que aceitou a sociedade com a empresa holandesa e comprou o formato, levado ao ar em 2002.

A disputa judicial não foi inédita nem para a Endemol, cujo gênero foi copiado em vários formatos, nem para o SBT, que regularmente importa a "ideia" de formatos de sucesso no mundo.[55] Para Eugênio Bucci, a *Casa dos artistas* já nasceu como síntese da esperteza. O seu êxito, que consistiu em desviar-se das acusações de plágio e em se valer de um *marketing* traiçoeiro, ensinou a todos que as práticas pouco virtuosas podem compensar. O programa é a vitória do "rouba (a ideia) mas faz (sucesso)".[56] A *Casa dos artistas* chegou a 41 pontos no Ibope contra 22 do tradicional programa das noites de domingo, o *Fantástico* (Globo). Teria sido um feito isolado não fosse a vitória expressiva na audiência, por sete domingos consecutivos, enquanto esteve no ar, de outubro a dezembro de 2001.

O gênero fracassou em alguns países e teve apenas dois modelos bem-sucedidos, o holandês *Big Brother* e o americano *Survivor*, que deram origem à onda de *reality shows*. Um ônibus intinerante com baixarias, criado na Espanha, o *Temptation island* – em que mulheres e homens bonitos assediavam casais estáveis – e a versão do *Big Brother* na rede CBS americana não tiveram o mesmo sucesso de outros do gênero TV-realidade.[57]

O formato ainda não está esgotado e cresce o interesse do público por bisbilhotar a vida do cidadão comum através de câmeras escondidas ou não. O sucesso do gênero fez a RTL da Alemanha produzir uma versão para gordinhos, o *Big diet*. Trancafiados numa casa, os obesos seguiam dieta rigorosa e ganhou quem chegou mais próximo do peso ideal.

> Os *reality shows* apresentam questões significativas sobre o papel da TV na formação dos indivíduos e do corpo coletivo. Seria a TV uma versão contemporânea da praça pública (a ágora), onde os problemas da pólis são expostos e discutidos por todos? Ou seria um zoológico humano, em que as características mais grotescas da sociedade funcionariam como chamariz do telespectador?[58]

FORMATO

O voyeurismo é o argumento principal do programa, por isso as câmeras e todos os recursos possíveis servem para oferecer ao telespectador a melhor imagem e som das atividades e reações dos participantes vigiados. O gênero *reality show* contém o formato *game show*, pois os participantes passam por provas de resistência ou esperteza, regularmente, e inteligência, raramente.

Outro formato utilizado é o interativo, para incentivar o público a participar e até prejudicar a vida de alguém com quem ele não simpatiza, eliminando-o do programa. Também se utiliza a entrevista para dar voz aos participantes e realçar desavenças observadas pelo público. A narração em *off* sobre imagens do programa chama a atenção da audiência para alguns aspectos. O formato videoclipe é aplicado para dar um clima especial em determinadas situações, como nas relações amorosas entre os participantes.

Por fim, os programas do gênero *reality show* seguem a formatação de capítulos diários, como se estivessem seguindo um roteiro, dada a previsibilidade do desgaste das relações e das tramas estimuladas pela direção do programa. Não se obtém o mesmo ritmo nos programas apresentados ao vivo em canais pagos ou pela Internet, tanto que o horário de maior audiência é aquele em que o apresentador e os participantes se encontram e são exibidos "os melhores momentos do dia". Ou melhor, os piores momentos, que provocam tensão nos confinados.

No Chile, um programa mostrou uma pessoa trancada em uma casa de vidro no meio da rua, versão de *reality show* que chegou a fazer sucesso no Brasil. Para pôr a "TV-realidade" no ar, a Rede Bandeirantes fez uma versão semelhante, com uma personagem que passa o programa dentro de uma jaula transparente, vigiada por várias câmeras, que podem ser vistas na Internet – uma mistura de *Big Brother* com *webcams*.[59]

Os *reality shows* também permitem variações no formato e na interatividade. Ao exibir o programa *Casa dos artistas*, a DirecTV implantou o recurso de multicâmeras com três canais exibindo pontos diferentes da casa. A Sky/Net ofereceu aos assinantes um menu com textos sobre o programa, um mapa da casa e o resultado das enquetes. A busca de formatos é a arma das emissoras para diferenciar programas do mesmo gênero.[60]

REVISTA

VISÃO GERAL

O gênero revista é uma tentação para desenvolver um programa com tudo que exista de formatos para preencher toda a duração com várias atrações. Isso constitui um perigo potencial, pois pode descaracterizar o gênero e confundir o público, que não sabe o que vai assistir no programa e, na dúvida, muda de canal. Apesar do perigo, os programas sempre utilizam essa fórmula, como o *Fantástico*, na Globo, há mais de trinta anos no ar, com noticiário, reportagens, quadros de mágica, videoclipes, humor, teledramaturgia, esportes, perguntas interativas e tudo mais que possa caber em quase duas horas de programa. Os criadores implantam formatos, exibem-nos e veem o resultado. Dando certo, a emissora investe pesadamente até o formato se desgastar e sair do ar. Se a audiência não é a esperada, os programas saem imediatamente do ar.

O *Fantástico* continua servindo de padrão para o gênero revista eletrônica, por causa do inegável sucesso, que faz uma audiência de todos os níveis sociais ligar a TV no domingo à noite. Oferece entretenimento e informação em doses bem equilibradas, com grandes reportagens e noticiário resumido dos assuntos em pauta no Brasil e no mundo. Dá ao telespectador a sensação de estar bem informado sobre tudo – política, economia e artes e até os desastres no seu bairro ou no mundo. A audiência é tamanha que alguns assuntos polêmicos, engraçados ou catastróficos chegam a ser o assunto da segunda-feira.

Apesar disso, o entra e sai de formatos, característica principal do gênero, tem contribuído para o desgaste do programa. Uma pesquisa encomendada pela Globo em 1993 mostrou que o público achava o *Fantástico* "previsível" e que os jovens o rejeitavam. Esse é o risco que o gênero corre com a mudança permanente de formatos.

FORMATO

Nos programas do gênero revista pode haver vários formatos: telejornalismo, quadros humorísticos, musicais, reportagens, enfim, assuntos diversos como os enfocados por revistas impressas. A formatação do gênero revista é muito parecida com a dos programas de jornalismo e variedades, tendo como diferencial a postura mais comprometida com a categoria informativa do que com a de entretenimento. Nesse aspecto, o infortenimento – a informação unida ao entretenimento – passa a ser a linguagem utilizada para atrair a audiência. A notícia torna-se espetáculo e faz parte de uma espécie de *show* de informações.[61]

Outra diferença evidente entre os gêneros revista e variedades ocorre na apresentação. No programa de variedades, o apresentador recebe a tarefa de animar a atração juntamente com um auditório, enquanto a apresentação no gênero revista é também descontraída, mas mais comportada. Pode-se trocar os apresentadores do gênero revista com mais facilidade do que no programa de variedades – neste, o apresentador é uma marca do programa e muitas vezes lhe dá o próprio nome.

Um ou dois apresentadores tem sido a fórmula mais utilizada nas revistas eletrônicas, termo que define ainda mais o caráter informativo do gênero, normalmente formatado como um telejornal, com reportagens, prestação de serviços, entrevistas, comentaristas e, para descontrair, artes, espetáculos e lazer.

SÉRIE

VISÃO GERAL

O caráter multinacional dos produtos de televisão mostra-se claramente nesse gênero, que rende dividendos ilimitados. As séries podem sobreviver anos e ser exibidas em qualquer país sem nenhuma modificação além de legendagem ou dublagem. Em algumas delas, nem mesmo o nome é traduzido.

Os programas classificados pelas emissoras brasileiras como séries servem a todos os públicos e o conteúdo varia do educativo ao policial. As séries são adquiridas pelas redes de acordo com a sua característica e o perfil da sua programação.

Algumas redes europeias produzem e comercializam séries sobre História, como a BBC. Contudo, são os Estados Unidos que dominam o gênero como nenhum outro país. As séries americanas são vendidas em pacotes com dezenas de capítulos: "[...] a rentabilidade das TVs americanas reside em grande parte na adoção da ficção seriada: séries, minisséries"[62]. Alguns pacotes de séries americanas não são feitos para ser lembrados. São conhecidos como "American-made-for-TV-movies" (filmes americanos feitos para a televisão). Trata-se realmente de produtos com obsolescência muito mais rápida do que um disco ou um filme, que podem sempre ser escutados ou vistos.[63] Não exigem do telespectador conhecimento prévio da história, tampouco que tenha assistido a capítulos anteriores, razão pela qual ele também se sente dispensado de assistir ao capítulo seguinte.

Se a técnica de produção das séries não exige do público o acompanhamento permanente, como nas novelas, ela prende o telespectador até o último minuto do capítulo.

> Considerando os intervalos comerciais no final de cada quinze minutos, os autores foram forçados a desenvolver novas técnicas para a mídia eletrônica, assim o telespectador se sentirá obrigado a esperar o final depois dos comerciais.[64]

Por esse motivo, é um produto desenvolvido para a televisão comercializar os espaços publicitários com o argumento de que consegue segurar o público até o último tiro do mocinho.

As personagens caracterizam-se por qualidades facilmente identificáveis: boas, más, aventureiras, espertas, confusas, engraçadas, entre outras que determinam o enredo.

A classificação do conteúdo da série segue o padrão hollywoodiano: os *westerns*, por exemplo, constituem nos Estados Unidos um gênero próprio, dado o sucesso que fizeram no próprio território e no mundo todo. Os *westerns* (filmes de faroeste, no Brasil) ganharam espaço principalmente na rede Record, nos anos 1960 e 1970, e depois foram substituídos pelos filmes de detetive. Mas ainda há resquícios dessas séries na mesma Rede Record.

As séries de drama, aventura, suspense, detetive, geralmente duram anos na mesma emissora. A rede compra os direitos de exibição do pacote de capítulos e ainda pode adquirir outros capítulos quando esgotar o número de exibições e reprises previstas em contrato.

As séries infantis também são sucesso garantido. Como os programas normalmente vêm associados a produtos de consumo da criança, como brinquedos ou revistas, as redes contam com a vantagem de ter os espaços comerciais praticamente vendidos para os anunciantes dos produtos que serão difundidos.

O caráter internacional das séries faz o gênero estar presente nas redes do mundo inteiro. No Brasil, a quantidade total de programas do gênero série perde apenas para o infantil. Algumas redes classificam como série os programas comprados do exterior independentemente do conteúdo e do público-alvo.

FORMATO

Os documentários realizados pela BBC de Londres e por outras produtoras europeias ganham o *status* de série porque sustentam um assunto por vários segmentos. As séries históricas e de época têm duração limitada e são formatadas em capítulos.

Os Estados Unidos desenvolveram as séries em episódios independentes. As séries dramáticas em episódios vieram para consolidar a indústria dos gêneros da TV por causa da sua popularidade e estabilidade. É um formato-padrão relativamente fácil de produzir.[65] Algumas séries saíram de filmes comerciais e vice-versa – *Os intocáveis* (Gazeta/CNT), *Zorro* (Record), *Superman* e *Combate mortal* (Globo), *Família Adams* (SBT) – e permanecem no ar por décadas.

Séries de desenhos para o público infantil (*As aventuras de Tintim*, da Cultura), documentários com assuntos de interesse geral (*Os bichos*, Cultura) e educativos (*Viaje al Español*, Cultura) são alguns exemplos de programas que fizeram da série um formato. Nesse caso, fundem-se os gêneros e formatos, de acordo com o interesse da rede ao divulgar seus programas.

As séries com roteiros inspirados em *sitcoms*, policiais, paranormais, romances intermináveis, adolescentes e médicos formam um gênero muito bem aceito pelo público dos canais pagos. Ironia, sarcasmo, apelo sexual, relações conjugais, mulheres bonitas, esses são os ingredientes para atrair o público.

Quando termina o contrato de exibição em um canal, as séries importadas dos Estados Unidos e da Europa migram para outra rede e carregam uma audiência que já foi testada em exibições anteriores. Com isso, sabe-se de antemão qual o público-alvo para a venda do espaço comercial – e espera-se que surjam mais adeptos. Muitas estreiam na TV paga e, depois de esgotados os capítulos originais, são vendidas em pacote para a TV aberta. É o caso de *Anos incríveis* (Cultura e Bandeirantes), *Arquivo X* (Globo, Fox e Record), *Ally McBeal* (Fox, Gazeta).[66]

SÉRIE BRASILEIRA (MINISSÉRIES)

VISÃO GERAL

A televisão brasileira investe no gênero novela e tem obtido sucesso também em alguns subprodutos. Das novelas nasceram as séries brasileiras, baseadas em temas da história ou do cotidiano nacional, com textos originais ou tirados da literatura. A duração é bem menor que a das novelas, que costumam ter mais de cem capítulos. Arthur da Távola falou sobre a história do desenvolvimento do gênero na Rede Globo:

> Chegamos às minisséries por uma inquietação, além de uma necessidade comercial, de mercado mesmo, da própria Globo. Primeiro, chegamos ao chamado seriado, com *Plantão de polícia*, com *Malu mulher*, que repercutiu no mundo todo, e com *Carga pesada*. Foi a primeira experiência saindo da novela propriamente dita. A Globo comprava seriados americanos demais e, de repente, pensou-se: "Por que não fazer os seriados aqui? Em vez de comprar os *Dallas*, o *Casal 20*, por que não realizar os nossos próprios seriados?" E foram feitos com muito sucesso na época. Numa segunda fase, depois desse tempo em que o seriado deixou de ser importante para a programação, tentamos levantar a bandeira da minissérie. [...] A minissérie, com uma média de vinte episódios e numa outra faixa de horário, possibilita o exercício e uma melhor discussão de temas, com um texto mais conciso, mais sintético, com a ação se desenvolvendo num ritmo que a história peça, sem tantas concessões.[67]

Assim como as séries americanas, algumas séries e minisséries brasileiras nasceram de programas testados e aprovados pelo público. O ator, produtor e diretor de televisão Daniel Filho é autor de alguns programas do gênero:

> Idealizei e criei pessoalmente vários seriados: *Shazam e Xerife*, por exemplo, era uma história dentro de uma novela que eu percebi que poderia render como seriado; *A grande família* (*sitcom*) "chupava" um programa americano chamado *All in the family*; o *Ciranda cirandinha* era uma história escrita pelo Paulo Mendes Campos que também transformei em seriado. [...] Já a ideia de *Malu mulher* é toda minha [...]. *Malu*, juntamente com *Carga pesada* e *Plantão de polícia* faziam parte de um grande projeto – a estreia dos seriados. Saía *Kojak* e entrava a gente, ou seja, eu

> estava curtindo o barato de competir com os americanos. No caso de *Plantão de polícia*, havia um desafio de fazer uma linguagem brasileira para o gênero policial.[68]

As redes brasileiras investem no gênero série e minissérie próprias para suprir a necessidade de a ficção nacional constar na programação horizontalizada, principalmente no horário nobre. *Chapadão do Bugre* (Bandeirantes) é um exemplo de minissérie que mostra a incursão de uma emissora pelo gênero.

FORMATO

O formato das séries brasileiras segue a fórmula de produção em capítulos. As minisséries têm continuidade no dia seguinte, como as novelas, mas têm, em média, de cinco a vinte capítulos sequenciados, número que pode ser ampliado de acordo com a audiência. Elas obrigam o telespectador a acompanhar os capítulos para entender a trama, porém sem ter uma complexidade que afaste a audiência rotativa.

As séries, com capítulos independentes, mantêm as mesmas personagens. No entanto, a história tem começo e fim em um só capítulo e não exige do espectador conhecimento das personagens. Por esse motivo, permite que sua periodicidade seja aumentada: pode ser programada com um capítulo por semana, quinzena ou mês. Os capítulos duram de trinta minutos a uma hora.

SITCOM

VISÃO GERAL

Os programas do gênero *sitcom* são os dois braços do corpo formado pelo humorismo: um carrega o humor; o outro, a teledramaturgia.

O *sitcom* é o gênero mais enraizado na cultura americana – um tipo de humor que utiliza a teledramaturgia para apresentar em situações cômicas os costumes dos cidadãos comuns.

A comediante americana Lucille Ball alcançou sucesso com o pioneiro *I love Lucy* (CBS, 1951)[69], que influenciou de maneira significativa os programas brasileiros do gênero, como *Família Trappo* (Record). A fórmula é mostrar cenas do cotidiano familiar com exagero das personagens do pai trabalhador, da mãe preocupada, do filho rebelde, do avô doente, de parentes enrolados, da empregada assanhada e de vizinhos chatos. Mas o Brasil não seguiu apenas essa receita e lançou outros programas que multiplicaram os formatos do gênero.

O humorista Chico Anysio apontou a diferença básica entre as produções que também se enquadram no gênero humorístico:

> Seleções – O que distingue o tipo de humor que se vê aqui no Brasil?
>
> Chico – Temos um tipo de humor em que o personagem volta toda semana. Em esquetes. O que se vê na *Zorra total*, na *Praça é nossa*, o que se via no *Chico Anysio show*, no *Viva o gordo*. O humor tipicamente americano é a *sitcom*, a comédia de situação.[70]

Há uma forte rejeição dos profissionais brasileiros pelas séries de *sitcoms* importadas principalmente dos Estados Unidos, como nota Marcílio Moraes, presidente da Associação dos Roteiristas de Televisão, Cinema e Outras Mídias (ARTV):

> Os escritores brasileiros sempre souberam fazer comédias. Essa *sitcom* americana é um formato que funciona bem, com aquelas risadinhas. Seria interessante experimentar sem o eco de riso, para ver como se saem. Em vez de tentarem produzir *sitcoms* americanas aqui, os produtores devem pedir aos autores nacionais que escrevam comédias. Garanto que não vai lhes faltar material. Veja *A grande família* – há trinta anos faz sucesso.[71]

FORMATO

A produção de uma *sitcom* prevê a contratação de elenco fixo e construção de cenários, e por isso apresenta um custo elevado que deve ser diluído em uma série de programas, gerando a economia de escala. Nesse aspecto, o formato "série" pode ser classificado também como "capítulo", que pode alavancar uma audiência cativa e também os telespectadores ocasionais. Por isso, se trata de dois formatos muito semelhantes.

No Brasil, o gênero também utiliza esquetes de humor de curta duração. A TV brasileira mostra que se adaptou ao gênero de maior sucesso nos Estados Unidos, que ganha o mundo também no formato de filme.

TALK SHOW

VISÃO GERAL

Talk show é obviamente uma forma de a televisão transmitir uma conversa e precisa ter dois ingredientes: casualidade e espontaneidade. O *talk show* combina algumas das principais qualidades de outros gêneros dramáticos de sucesso: intimidade emocional e um pouco de bom humor. Sua versatilidade permite passar do musical para o jornalismo, da política para o esporte.[72]

Tanto o gênero *talk show* quanto o gênero entrevista* representam o triunfo da personalidade do apresentador, que tem a tarefa de manter o clima do programa em alta, qualquer que seja o assunto ou o entrevistado. Deve contar sempre com uma equipe de produção primorosa, que acompanhe todos os momentos da entrevista e passe para o apresentador as informações e dicas necessárias para manter a conversa interessante.

FORMATO

O formato de auditório é frequentemente utilizado no *talk show* para aumentar o clima de descontração. Os quadros apresentados permitem a apresentação de formatos musicais e de

* Veja as diferenças básicas entre *talk show* e entrevista na categoria Informação (p. 143).

shows. Evidenciando a completa simbiose que ocorre com os vários gêneros, o formato debate também pode fazer parte dos programas de entrevista e *talk show*.

Infelizmente, embora o formato permita variações, a cópia tem sido o elemento mais encontrado nos programas brasileiros. O programa de Jô Soares traz o mesmo tipo de cenário do programa americano *Late show*, apresentado por David Letterman nos Estados Unidos – tem até uma caneca.

O gênero pode contar com os formatos de auditório, musical e até humor. Porém, o ingrediente principal é o formato entrevista, dando tempo para o entrevistado expor suas ideias. Ainda assim, isso tem sido deixado de lado: "a mistura de *talk show* com *show* sufoca a fala e é um risco para o bom conceito da fórmula"[73].

Os mais recentes programas com os apresentadores em pé, como Adriane Galisteu e Luciana Gimenez, dão o tom de *show* e não permitem que a fala do entrevistado seja a atração principal. Jô Soares reiniciou a fórmula – também utilizada por Silveira Sampaio na década de 1960 e por Ferreira Neto no fim dos anos 1970. Quando o programa estava no SBT, Jô tinha mais tempo para conversar. Já na Globo, a produção valorizou o *show*, com músicas, apresentações artísticas, trechos de filmes, caixotes de reclamações, deixando a entrevista como mais um formato, não o único e talvez nem o principal.

TELEDRAMATURGIA

VISÃO GERAL

O termo significa, obviamente, dramaturgia adaptada para a televisão e engloba todas as produções em que personagens são caracterizadas para transmitir uma mensagem. No Brasil, a teledramaturgia ganhou luz e cenários próprios e promoveu a abertura de um leque de outros gêneros.

Alguns autores classificam a teledramaturgia como um gênero que possui vários formatos. Neste estudo, os *formatos da tele-*

dramaturgia são classificados em capítulo, dublado, episódio, esquete, quadros e seriado distribuídos nos gêneros docudrama, infantil, minissérie, novela e *sitcom*.*

VARIEDADES

VISÃO GERAL

Quando a emissora pretende preencher um longo período da programação e precisa deixar uma abertura para todo tipo de patrocínio, dos anunciantes nanicos aos donos de polpudas verbas publicitárias, pode-se esperar um programa do gênero variedades. Nele tem aparecido todo tipo de atração e formato, nos moldes de um programa do gênero revista, porém recorrendo a alguns elementos, como o auditório e o improviso, para sustentar horas (e horas!) da grade. As mais recentes criações para assumir o gênero são as apresentadoras Luciana Gimenez, na Rede TV!, e Adriane Galisteu, na Record.

A reclassificação do gênero variedades, antes denominado auditório, é um artifício criado pelas emissoras para não dar ao programa a imagem de popular. Rebatizados, os programas de variedades são os programas de auditório pós-modernos na TV, que promovem uma guerra de audiência com prejuízo para o telespectador, que vê, ri, chora e se espanta com tudo que é apresentado. Há uma tentativa de dar continuidade à fórmula desenvolvida há décadas por Hebe Camargo, Silvio Santos e Flávio Cavalcanti, entre outros. Alguns programas tentam manter o nível das atrações, mas os escorregões são comuns.

O grotesco e o bizarro têm sido os ingredientes de programas do gênero variedades, que preenchem a tarde e a noite da TV brasileira com assuntos inusitados. Em 1979, a extinta Rede Tupi deu o último suspiro apelando para o mundo cão, ao entregar ao

* Veja a descrição detalhada de cada formato no quadro explicativo (p. 169) e a de cada gênero que compõe a teledramaturgia neste estudo (págs. 104, 114, 133, 120, 135).

diretor Wilton Franco as tardes da programação para um programa de "serviços". Com o programa *O povo na* TV, que fez o sucesso imediato na então recém-criada emissora do empresário e apresentador Silvio Santos, a TVS (hoje SBT), inaugurou-se a fórmula que até hoje se usa, levando à TV os mais variados desastres e conturbações: pessoas com doenças graves, deformações no corpo, brigas de família, crimes, abusos policiais... E esses programas ainda se revestem de um tom assistencialista, pedindo auxílio aos necessitados.[74]

Os programas de variedades, muito envolvidos com assuntos grotescos, são apontados por Muniz Sodré como demonstração da falta de capacidade de criação que impera atualmente na TV brasileira:

> No Brasil, o empobrecimento ou a banalização da mensagem televisual decorre, na verdade, da incapacidade do comunicador (desde a direção das estações até os produtores de programas) de entender a verdadeira natureza do veículo que controla e de elaborar mensagens específicas.[75]

A lista de programas de variedades que aderiam à fórmula é grande, sempre associada a um nome de apresentador, que estimula a reação de espanto do público: Márcia Goldschmidt, João Kleber, José Luis Datena e outros transitam por programas que se autodenominam jornalísticos, de serviço ou de debate, a maioria com auditório. São de variedades, mas nem tanto.

O apresentador Carlos Massa, o Ratinho, recebe um título que não assume: o "pai" da baixaria moderna na TV[76]. Mas Ratinho não esconde o queijo, dizendo que se inspirou em muitos que se utilizaram de linguagem simples e debochada:

> Mazzaropi é meu grande inspirador. Procuro seguir a mesma linha desse gênio na arte de se comunicar com o povo. Vou continuar escrachando e falando pra nossa gente simples minha linguagem de deboche que agride e ao mesmo tempo diverte.[77]

FORMATO

O auditório com apresentador ao vivo é o formato mais usado. Mas o gênero variedades permite variações, que vão dos musicais à teledramaturgia, com participação do público no estúdio e de convidados. Quando possível, não dispensam o formato interativo. Aliás, interação é a fórmula mágica, aplicada de maneiras surpreendentes, como nota Muniz Sodré:

> Silvio Santos, em *Rainha por um dia*, promovia o desfile de miseráveis, que contavam suas penas. Cabia ao auditório escolher a história mais triste. A mais desgraçada, a mais infeliz, era eleita "rainha por um dia". [78]

O *remake* não assumido, com algumas variações no processo de escolha da "princesa", é produzido desde 2003 pelo apresentador Netinho, na Rede Record.

O formato entrevista em estúdio e o de reportagem também reforçam as atrações. Trechos gravados e inseridos no programa permitem que o apresentador se recomponha e possibilitam corrigir o roteiro de uma produção que ganha a audiência pelo dinamismo. Musicais e quadros humorísticos associados a *game shows* ou *quiz shows* também aquecem a produção. Variedades é um gênero com formato *vale-tudo*, que pode até montar um ringue para uma luta dessa modalidade. A criatividade e o bom senso da direção são elementos-chave num programa que pode se perder pela falta ou pelo excesso de atrações.

WESTERN **(FAROESTE)**

VISÃO GERAL

O gênero *western* pode ser classificado no Brasil como série. Porém, o seu sucesso nos Estados Unidos e a fase em que esses programas foram transmitidos aqui marcaram época na TV brasileira e por isso justificam uma classificação exclusiva e um olhar atento.

A Rede Record ganhou e conservou seu público nos anos 1960 e 1970 com os filmes de faroeste, posteriormente substituídos pelos de detetive, já que não existiam mais índios para as tropas americanas do Velho Oeste matarem. Muitas séries, como *Bonanza* e *Bat Masterson*, criaram condições para o desenvolvimento de uma indústria cinematográfica específica para a tela pequena. Os "*American made-for-TV movies*" (filmes americanos feitos para a TV) seguiram os rastros deixados pelos cavalos dos bandidos e mocinhos, das donzelas e de seus amores impossíveis.

Com cenários sem muita sofisticação e atores de segunda linha, que dependendo do sucesso dos tiros viravam estrelas de Hollywood ou até presidente dos Estados Unidos (como é o caso de Ronald Reagan), os *westerns* foram vendidos para o mundo inteiro e rascunharam o princípio do *american way of life* difundido em toda parte. Até um esquimó do Alasca, se assistisse a um episódio de faroeste, ficaria com vontade de comprar um cavalo branco. E, na sequência, um veículo da GM usado pelo Baretta, o detetive mais flexível da época. O faroeste abriu as portas das programações das TVs de praticamente todos os países para os demais gêneros da TV americana.

No Brasil, juntamente com os *westerns*, o sucesso das *sitcoms* já era fato, com vários programas preenchendo meia hora da programação, uma duração ideal para a inserção de intervalos e propagandas. Em seguida aos *westerns*, as séries policiais preencheram o mesmo espaço, mudando apenas o cenário dos tiros, sempre uma grande metrópole americana, e a substituição dos cavalos por helicópteros ou veículos menos sofisticados, como um Mustang.

O que se conclui com o sucesso do gênero *western* é que a indústria cinematográfica americana soube lançar e substituir produtos no momento certo, de maneira exemplar. Seus gêneros sucessores continuaram vendendo não apenas uma imagem, mas também brinquedos, carros, armas, por meio do *merchandising* das séries.

FORMATO

Os capítulos e os episódios do *western* e de todos os gêneros que o substituíram eram o formato ideal para a emissora adquiri-los em pacotes e negociar as reprises, que, em alguns casos, eram intermináveis. A Record ainda se vale dessa época de ouro, quando ficou conhecida como a TV das séries.*

Os *westerns* mais famosos viraram filmes e vice-versa. Giulliano Gemma fez sucesso como galã do faroeste e foi idolatrado em inúmeros longa-metragens exibidos na TV. As duas telas, grande e pequena, nos vários formatos, episódios e séries, foram beneficiadas com as histórias de matança de índios e tombos espetaculares de cavalos e carruagens no Velho Oeste americano.

GÊNEROS DA CATEGORIA INFORMAÇÃO

Ele não devolveu a gravata até hoje.
Jorge Caldeira, jornalista e escritor
(a respeito do político José Serra, que pegou uma gravata emprestada para gravar o programa de Marília Gabriela).

DEBATE

VISÃO GERAL

As produções de baixo investimento são a alternativa de emissoras com pouco poder financeiro para produzir programas informativos mais sofisticados. O gênero debate não necessita de grandes investimentos – cenário e transporte de convidados são os elementos básicos – e pode preencher um espaço da grade horária com duração elástica.

A característica principal do gênero é o número de entrevistados e entrevistadores. Podem aparecer no vídeo mais de um

* Conheça os dados da Rede Record durante o ano de 1996 (p. 84), que atestam que a emissora era a que mais investia em *westerns*.

entrevistador e convidados, que também atuam como comentaristas. É o número de pessoas que cria o debate, diferentemente da entrevista, que pode ser produzida com apenas um apresentador e um entrevistado.

Os assuntos e os convidados variam conforme a proposta da emissora: pode-se debater um único tema, com vários convidados opinando e respondendo às indagações dos entrevistadores e apresentadores fixos; pode-se realizar um debate sobre vários temas num único programa, dando-lhe também um tom de atualidade e variedade. Os programas de natureza definida – esportivo, político, educativo, entre outros – também usam a mesma fórmula para aprofundar o tema e apresentar especialistas em assuntos, criando segmentos.

Pequenas afiliadas das grandes redes utilizam-se desse gênero para produzir programas locais. Além de mostrar líderes regionais, o gênero debate também é uma forma de produção que permite à pequena emissora um baixo investimento para cumprir a carga horária prevista pela legislação brasileira para produções locais.

FORMATO

O apresentador único caracteriza a maioria dos programas de debate. Às vezes há outros entrevistadores ou comentaristas, que fazem aumentar a diversidade de opiniões a respeito do tema, como ocorria no programa *25ª hora* (Record), inicialmente classificado como religioso.

O formato mais frequente é o de mesa-redonda, como o programa de mesmo nome na Gazeta, e *Cartão verde* (Cultura), ambos sobre esportes (apesar de o segundo não ser classificado pela emissora como programa de debate).

O programa *Silvia Poppovic* (Bandeirantes) desenvolveu uma fórmula de sucesso, reunindo apresentadora experiente, alguns debatedores fixos (psicólogos, médicos, artistas) e convidados com currículos variados, além de ter como pano de fundo o auditório, para enventuais intervenções.

O programa de debate pode ainda apresentar pequenas reportagens que ilustram o tema, ou ainda entrevistas com um convidado principal, que vai debater com o público ou convidados, sempre com a mediação do apresentador.

A duração do programa é outro elemento característico do formato. Por se tratar de um gênero que tem a intenção de quase esgotar um assunto com opiniões distintas, a duração também é mais elástica, com o mínimo de trinta minutos e até mais de uma hora. A dinâmica de produção e a variedade dos temas apresentados determinam a duração.

DOCUMENTÁRIO

VISÃO GERAL

Os documentários carregam a bandeira do prestígio de suas emissoras, pois são uma demonstração da qualidade dos programas do departamento de telejornalismo. O documentário é a antítese da ficção, da fabricação de fantasia.[79]

Os temas abordados pelos documentários apresentam certa importância histórica, social, política, científica ou econômica e também aprofundam assuntos do cotidiano, vistos de uma perspectiva crítica.

Mais um gênero com raízes históricas no cinema, o documentário saiu das salas de exibição para a televisão com o mesmo respeito obtido pelos documentários produzidos durante a Segunda Guerra Mundial, quando cumpriram importante papel informativo e também ideológico.

A seriedade do gênero permaneceu, a fim de levar ao telespectador uma visão do mundo, da realidade de outros países e de outras culturas.

> [...] em 1895 os filmes curtos dos irmãos franceses Auguste e Louis Lumière registravam cenas cotidianas em diversas regiões do planeta, fundando o documentário com as célebres imagens de *A chegada do*

> *trem à estação de La Ciotat.* [...] O documentário ganhou força nas lentes de ferrenhos opositores da ficção no cinema, entre eles o soviético Dziga Vertov, que na década de 20 formou o grupo Kinoki, que assinou manifestos em defesa do "cinema-olho". Suas ideias deram origem a documentários clássicos como *Câmera-olho* e *Um homem com uma câmera.*[80]

A necessidade de pesquisa, de aprofundamento do tema com entrevistas e produção de imagens em diversos locais eleva o orçamento do gênero. Por isso, nem todas as redes produzem documentários. Uma alternativa é a compra de produções importadas de países que os produzem com a intenção de servir ao mercado internacional, como é o caso das famosas séries de documentários ingleses.

FORMATO

A proposta de todo documentário é buscar o máximo de informações sobre um tema. Por isso, sua duração é maior do que as reportagens apresentadas pelos telejornais. As produtoras internacionais de documentários realizam filmes com duração média de trinta a cinquenta minutos. No Brasil, os programas do gênero inicialmente tinham em média trinta minutos, como o *Globo repórter* (Globo) ou o *SBT repórter* (SBT). Mas houve significativa redução da duração, o que desvirtua o caráter de documentário, merecendo apenas o crédito de grande reportagem. As redes alegam que o programa fica cansativo e a audiência não está acostumada a assistir ao mesmo assunto durante muito tempo. Mas a Cultura, mais preocupada com a informação do que com a audiência, ainda é fiel ao conceito básico de documentário, que é ter duração suficiente para tentar mostrar todos os ângulos do tema.

São poucas as produções nacionais que chegam ao formato de série, como os documentários importados dos Estados Unidos e da Europa. As redes que produzem e investem no gênero tendem a torná-lo regular na grade de programação semanal, com um único assunto. Algumas séries de documentários com mais de um segmento são importadas principalmente pelas TVs educativas.

O documentário pode apresentar muitos formatos dentro do próprio gênero, como videoclipes, entrevistas, debates, narração em *off*, com o objetivo de não torná-lo cansativo e apresentar de forma variada as informações colhidas de várias fontes.

O gênero documentário passa a ser também um formato quando utilizado por outros gêneros. Há experiências de apropriação do formato pelo gênero humorístico: *Casseta & Planeta* e *Brasil legal*, ambos da Rede Globo, alternam humor e realidade. Os gêneros esportivo, político e especial também podem ser roteirizados no formato documentário, sem perder as características ou, às vezes, acarretando nova classificação do programa em outro gênero.

ENTREVISTA

VISÃO GERAL

O gênero entrevista está ligado aos programas jornalísticos da emissora, que procuram pessoas das mais diversas áreas para ficar frente a frente com o apresentador, na maioria jornalistas de renome. *Cara a cara* e *De frente com Gabi*, com Marília Gabriela (SBT e Bandeirantes), *Passando a limpo*, com Boris Casoy (Record), *Conexão*, com Roberto d'Avila (Intervídeo, produtora independente), são exemplos de programas do gênero entrevista que deixam claras as diferenças com o gênero *talk show*.

Quando existe descontração e intimidade, pode haver uma redefinição do gênero entrevista. Com tais elementos, o gênero se aproxima do classificado como *talk show*. Os dois se aproximam, mas com diferenças que demarcam o território do jornalismo e o do *show*. No gênero entrevista, o entrevistado é o foco e não há *show* comandado pelo jornalista apresentador.

Os assuntos de política e atualidades são os que frequentam as pautas dessas entrevistas, como o *Roda-viva* (Cultura). Diferentemente do *talk show*, o apresentador de entrevista não tem o compromisso de deixar o entrevistado à vontade, podendo questioná-lo sobre fatos polêmicos e chegar até à discórdia, o que denota seriedade e compromisso com a verdade, atribuições dos programas jornalísticos.

Segundo Marques de Melo, a "entrevista é um relato que privilegia um ou mais protagonistas do acontecer, possibilitando-lhes um contato direto com a coletividade".[81] As entrevistas podem ter por assunto principal tanto a vida do próprio entrevistado quanto uma ou mais informações de domínio dele.

FORMATO

As providências para a produção do programa do gênero entrevista concentram-se principalmente no local de realização, em estúdio ou em locação externa, e nas formas de transmissão, ao vivo ou gravado.

Alguns programas do gênero entrevista são ilustrados por reportagens, que auxiliam a abordagem do assunto. São reportagens ao vivo ou gravadas, em estúdio ou locações, que também colocam dois ou mais entrevistados e/ou entrevistadores em locais diferentes, reunidos por satélite.

Duas diferenças relativas ao cenário e ao posicionamento do apresentador também ajudam a identificar e distinguir o programa de entrevista do *talk show*. Uma composição cenográfica que permita ao apresentador andar pelo cenário e entrevistar os convidados de pé é utilizada pelos programas de *talk show*. Nesse caso, o apresentador percorre o cenário em busca das atrações do programa: apresentações musicais, entrevistas etc. Já os cenários dos programas do gênero entrevista permitem ao convidado e ao apresentador ficar sentados durante todo o tempo. Isso presume uma entrevista de duração mais longa do que aquelas normalmente realizadas em programas do gênero *talk show*. Priolli defende o gênero entrevista no formato apresentador e entrevistado sentados: "De pé, a entrevista é ruim, rápida, sensacionalista. Sentado, perguntas e respostas se alongam, o respeito ao entrevistado e ao público aumenta"[82].

TELEJORNAL

VISÃO GERAL

Os programas da categoria informação poderiam estar, sob outra ótica, reunidos num único gênero: o telejornalismo. É o que ocorre em algumas redes comerciais, porém não se pode aplicar às redes educativas, que apresentam programas informativos ligados à área de produção e não ao jornalismo. Por isso, o gênero telejornal está classificado neste estudo como um programa que apresenta características próprias e evidentes, com apresentador em estúdio chamando matérias e reportagens sobre os fatos mais recentes.

Os departamentos de jornalismo das redes de televisão mantêm uma estrutura independente e com tecnologia para a produção de programas estritamente voltados para a categoria informação. As emissoras classificam de telejornalismo os noticiários, informativos segmentados ou não, em diversos formatos.

Para compreender a classificação de telejornal como gênero é necessário recorrer aos conceitos de comunicação e informação:

> Entendemos que há uma distinção básica entre comunicação e informação. No primeiro caso, trata-se de um fenômeno bidirecional, essencialmente dialógico, para usar a caracterização de Paulo Freire. No segundo caso, trata-se de um fenômeno que Maletzke tipifica como unilateral, indireto e público, o que se aplica bem aos processos de reprodução simbólica.[83]

Os programas do gênero telejornalismo apresentam múltiplas funções em face do desenvolvimento e aprimoramento do jornalismo no mundo.

> [...] o jornalismo é um fenômeno universal, mas suas raízes são europeias. Entender as manifestações que floresceram nos territórios onde essa inovação cultural se deu pela ação dos colonizadores implica resgatar traços

originais que permaneceram e vislumbram as transformações determinadas por contingências históricas.[84]

A multiplicidade dos gêneros jornalísticos na cultura brasileira estimula a experimentação dos formatos e das comparações com outras categorias da televisão. Marques de Melo afirma que

> o jornalismo brasileiro tem uma fisionomia entrecortada por múltiplas diretrizes, algumas convivendo contraditoriamente no estilo que nos trouxeram os portugueses, outras que nos chegaram através dos processos de comunicação intercultural implícitos nos movimentos migratórios, e também aquelas que emergiram de situações de dependência tecnológica e econômica, que incluem no seu bojo alterações simbólicas fundamentais [...]. Compreender os gêneros jornalísticos significa, portanto, estabelecer comparações, buscar identidades, indagar procedências.[85]

O desenvolvimento do telejornalismo no Brasil foi alavancado por patrocinadores multinacionais que já conheciam o sucesso e a importância do gênero em seus países de origem. O primeiro telejornal reflete essa tendência mundial.

> Em 4 de agosto de 1952, a TV Tupi veio a fechar importante contrato com a Esso para a apresentação do *Repórter Esso*. O prestígio do programa já vinha do rádio, no qual se tornou o noticioso de maior evidência. Fora lançado em 20 de agosto de 1941 na Rádio Nacional. [...] Na TV, eram programas de cinco minutos, várias vezes ao dia e contendo as últimas e mais destacadas notícias [...]. Gontijo Teodoro, o primeiro apresentador de telejornal no Brasil, escreveu em seu livro: "Mas aos poucos o *Repórter Esso* sentiu a necessidade de ser TV e não rádio. Modificou-se, ganhou formato próprio e seguiu a sua trajetória pioneira, refletindo a estrutura do telejornalismo norte-americano, adaptado ao nosso gosto.[86]

A ampliação do telejornalismo na televisão se deu em vários segmentos da programação, passando a ocupar um espaço além dos noticiários, com novas fórmulas. Lembra Fernando Barbosa Lima:

> O *Jornal de vanguarda* também inovou, pois antigamente todos os jornais de televisão tinham praticamente o mesmo formato: uma cortina ao fundo com uma cartela com o nome do patrocinador, e o locutor lendo as notícias, em geral tiradas a gilete dos jornais, porque a televisão ainda recebia influência do rádio. No *Jornal de vanguarda* comecei a trazer os jornalistas para a televisão. O *Abertura* foi exatamente o primeiro programa a romper com isso. Depois, na Rede Bandeirantes, junto com Roberto d'Avila, criei o programa *Canal livre*, que foi outro grande passo para a abertura democrática do Brasil. O *Canal livre* continuava o *Abertura*.[87]

A conquista de importância na grade horária da programação fez as redes de televisão investirem no telejornalismo tanto quanto em outros gêneros. As grades podem deixar de apresentar um ou outro gênero, mas o telejornalismo ocupa espaço e visibilidade fundamentais para o conceito de rede de televisão. Nessa ótica, os objetivos traçados por um dos pioneiros do telejornalismo no Brasil, Gontijo Teodoro, o citado apresentador do *Repórter Esso* e diretor de telejornalismo da TV Tupi do Rio de Janeiro, são claros e ainda atuais: "os deveres do telejornal são: informar, educar, servir, interpretar, entreter"[88].

A classificação do gênero telejornal pode apresentar outros resultados se for feita uma análise de conteúdo. Rezende apresenta uma forma de classificação com base em estudos comparativos:

> Nos telejornais, só foi possível mesmo identificar os gêneros informativo e opinativo. Supõe-se que os outros dois gêneros, o diversional e o interpretativo, talvez não se adaptem à modalidade dos telejornais e se afinem mais com outras espécies de produções jornalísticas veiculadas pela TV: os documentários e os programas de variedades.[89]

Esse estudo aplica outro método para classificar os gêneros com base na comparação do conteúdo de telejornais de três redes – Cultura, Globo e SBT.

FORMATO

O formato pioneiro no gênero telejornal foi o noticiário, com o apresentador lendo textos para a câmera, sem outras imagens nem ilustrações. O primeiro formato a aparecer no vídeo mantém, até hoje, sua fórmula básica: um ou mais apresentadores leem os textos e apresentam as reportagens externas realizadas pelos jornalistas, ao vivo ou gravadas. Comentaristas especializados também fazem parte dos principais telejornais (*Jornal da Cultura*; *Telejornal Brasil*, do SBT; *Jornal nacional*, da Globo; *Jornal da Record*; *Jornal Bandeirantes*).

Os principais telejornais continuam sendo transmitidos ao vivo, pois dão um tom de atualidade e permitem a realização de entrevistas em diversos pontos do país e do mundo. Os telejornais exibidos após o horário nobre são, na maioria, gravados para exibição posterior.

O telejornalismo buscou outros formatos, além do telejornal. Por isso mantém-se em evidência em todas as grades de programação. São programas de debate e entrevista, mediados pelos jornalistas da rede, e também os documentários e reportagens especiais, que ocupam os departamentos de jornalismo das emissoras. Todos esses formatos tornam o gênero importante numa estratégia para modificar a imagem da emissora, tal qual acontece nos Estados Unidos, onde "as emissoras, de um modo geral, concentram sua capacidade produtiva no jornalismo, que é o setor que atribui identidade e credibilidade ao veículo"[90].

O telejornalismo americano influenciou o formato brasileiro ao lançar alguns elementos que promoveram credibilidade por meio de opinião, apresentando um novo recurso após tantos anos de solidificação do gênero telejornal:

> Nesse cenário, a adoção do modelo de apresentação de telejornais com o uso do âncora trouxe a única mudança significativa na arte de difundir notícias no horário nobre da TV brasileira. Experiência ainda não testada na Globo. No entanto, no SBT, o jornalista Boris Casoy, que, com certeza, é o primeiro âncora da TV no país, é hoje o *must* das referências e reconhecimento da importância dessa inovação no Brasil. Até a chegada desse modelo, todas as emissoras, mesmo as estatais, tinham no formato e estilo implantados pela Rede Globo o princípio televisivo a ser inquestionavelmente seguido.[91]

Dentro do próprio gênero telejornalismo, há formatos que se firmam como gêneros por sua importância. Os programas de debate ou de entrevista (*Opinião nacional*, da Cultura) e os documentários (*Globo repórter*, da Globo, e *SBT repórter*, do SBT) são formatos que pertencem ao telejornalismo produzido pelas emissoras, porém se tornam gêneros dado pelo *status* que alcançaram com a audiência. Analisando o conteúdo dos telejornais brasileiros, temos a seguinte identificação de formatos: nota, reportagem, entrevista, indicadores econômicos, editorial, comentário e crônica.[92] A pitada de humor fica com as charges animadas de cunho político.

GÊNEROS DA CATEGORIA EDUCAÇÃO

EDUCATIVO

INSTRUTIVO

VISÃO GERAL

Na análise do caráter dos programas do gênero educativo, encontraram-se aulas com linguagem televisiva (*Vestibulando*, da Cultura) e programas produzidos para a audiência em geral, como os telecursos e infantis. No Brasil, a maioria das produções desse gênero concentra-se nas emissoras educativas. Em uma ou duas emissoras comerciais, há programas como os de telecurso (Globo) em horário classificado pelas próprias redes como pouco lucrativo. Por isso, aproveitam o horário matutino para transmitir tais programas, financiados pela iniciativa privada e pelo governo, os quais auxiliam o sistema de ensino regular e capacitam mão de obra em determinadas profissões.

A categoria educação pode ser dividida em diversos gêneros: educativo, instrucional, seriado, infantil, formação complementar, profissionalizante e técnico, entre outros. Um estudo específico do gênero educativo identificaria variações inspiradas nas categorias entretenimento e informação, que se utilizam das mesmas técnicas dessas categorias, porém com objetivos educativos.

FORMATO

O gênero educativo de caráter instrutivo apresenta diversos formatos destinados a várias faixas etárias. Para manter uma linguagem semelhante à do restante da programação, a emissora utiliza entrevistas, minisséries de ficção, documentários e reportagens. A apresentação varia entre os formatos de telejornal e debate com especialistas e professores.

Poderíamos classificar programas de vários gêneros como educativos por oferecerem uma rica dose de informação e conhecimento. Identifiquei o formato instrucional, com linguagem e objetivo claramente educacional, que instrui para uma atividade ou profissão, e outros ainda, que podem levar o telespectador a aumentar seus conhecimentos sobre determinado assunto, sem a pretensão ou o compromisso de obter qualificação em exames ou provas, compreendendo um objetivo mais nobre de entretenimento educativo. Como exemplo, temos o formato de teleaulas ou videoaula – a gravação de uma aula convencional, ministrada por um professor ou especialista no assunto.

Os programas do gênero educativo também se dividem por faixa etária. Os infantis aproveitam o universo desse público para ensinar e reforçar conceitos do ensino regular. Os formatos de seriado e de ficção são frequentemente empregados para atingir esses objetivos. Para o público adulto, as reportagens e entrevistas formatadas como telejornal tratam de temas específicos que podem ter objetivos educativos na mensagem.

GÊNEROS DA CATEGORIA PUBLICIDADE

Mesmo na televisão, o crime não compensa:
você precisa ter um patrocinador.
Alfred Hitchcock, cineasta

CHAMADA DE PATROCÍNIO

Não existe emissora que se sustente sem o patrocinador. Até as educativas já acordaram para isso e buscam apoio para suas produções com objetivos culturais. As chamadas de patrocínio garantem ao programa e ao patrocinador a associação imediata da empresa ou produto com o programa transmitido.

As chamadas de patrocínio podem ocorrer antes da transmissão, quando a emissora anuncia a atração com antecedência, ao longo da programação, e durante a transmissão do programa. Competições esportivas, coberturas especiais de eventos, transmissões de espetáculos são sempre interrompidas para o texto curto com o *slogan* do patrocinador, dito pelo apresentador ou por locução em *off*. O logotipo ou a marca do patrocinador também pode aparecer na tela, evidenciando o texto da chamada ou somente como um *banner* sobre a imagem do programa, sem interrupção do áudio da programação.

FILME COMERCIAL

No início da televisão, os comerciais eram apresentados ao vivo. O elenco ou as garotas-propaganda demonstravam produtos repetidas vezes durante o dia. A repetição se manteve, só que passou a ser gravada.

A produção de filmes comerciais movimenta o mercado de produtoras de vídeo, que criam, fazem as cópias e distribuem os filmes publicitários a várias emissoras, de acordo com um plano de mídia. Em alguns casos, o planejamento de exibição feito pela agência de propaganda prevê a transmissão durante o mesmo período ou hora do dia em várias emissoras, para garantir que o público acostumado à troca de canais não escape da mensagem comercial.

O Brasil já se tornou referência mundial em criatividade e produção de filmes publicitários. Vários prêmios foram conquistados mundo afora, o que contribui para a qualidade da programação e mantém o telespectador atento até nos intervalos do programa. Os filmes têm, na maioria, trinta segundos, mas variam de acordo com os espaços comercializados pelas emissoras, que vão de cinco segundos (usados por vinhetas) a *breaks* mais longos de um a dois minutos, em casos mais raros.

POLÍTICO

VISÃO GERAL

O único gênero que ganhou espaço na programação da TV por imposição legal é o político. Os programas políticos não são produzidos pelas emissoras. As redes recebem dos partidos apenas a fita com a gravação, de acordo com a duração estabelecida pelo Tribunal Regional Eleitoral (TRE). As emissoras são obrigadas pela Lei Eleitoral a ceder espaço na programação a todos os partidos ou grupo de partidos que querem transmitir seus programas. Durante o ano, fora do período eleitoral, as transmissões não têm periodicidade definida.

O histórico do gênero político evidencia a evolução da linguagem: deixou de lado os discursos quilométricos para adotar superproduções objetivas. O gênero adaptou-se à linguagem e ao gosto do telespectador para amenizar a falta de opção por outro programa, já que os políticos vão ao ar em rede nacional, isto é, no mesmo horário em todas as emissoras do país. Durante um período antecendente às eleições estabelecido pelo TRE, os programas (também chamados de propaganda eleitoral) vão ao ar diariamente.

A periodicidade diária exigiu que as equipes de produção, contratadas para produzir os programas, realizassem uma verdadeira maquiagem no gênero político, fazendo-o parecer com documentário, novela e telejornal, entre outros mais criativos, como explicam os produtores Fernando Meirelles e Marcelo Tas:

> Além de programas para televisão, um tipo de trabalho que temos feito com frequência são programas políticos, há dois anos, desde quando fizemos um programa em cadeia nacional para o PT. Nessa época, era obrigatório que os programas fossem apenas a transmissão da convenção do partido. O PT teve a ideia de fazer algo diferente e nos chamou. Inventamos um programa que acontecia no meio de um parque e, para não burlar as regras do TRE, colocamos uma tribuna ao fundo para fingir que era uma convenção ao ar livre e o programa seria os bastidores da convenção. Todo o programa foi feito com a câmera na mão, pegando os políticos de forma descontraída, buscando sempre um tom jornalístico e eliminando completamente o discurso grandiloquente-tipo-palanque. Tribuna é tribuna e não tem nada a ver com televisão. Deu certo. A audiência deu um salto em relação aos programas anteriores. Depois desse, fizemos outros para o PT e para o PMDB, já em formato de programa de televisão e com tom jornalístico e não discursivo. Esses resultados nos deram credibilidade no meio político.[93]

A produção de programas políticos é importante fonte de receita para pequenas, médias e grandes produtoras. Tanto nas grandes cidades como também em pequenos municípios que têm retransmissora de TV, os partidos organizam-se e contratam os profissionais para produzir seus programas políticos. Aproveitam o espaço obrigatório para marcar posição, divulgar suas ideias ou somente para fixar a imagem de seus candidatos às próximas eleições.

O gênero político poderia ser classificado de propaganda, mas o aumento da sua duração no vídeo e a variedade das produções o colocam como um programa bastante definido e diferente dos que apresentam produtos de consumo.

FORMATO

O gênero político é a única classificação que atualmente não está ligada a nenhum formato. Sua formatação é imprevisível. Pode-se ver na tela uma novela de conteúdo ideológico e propagandístico do partido ou do candidato, como também conhecer a vida do candidato no formato documentário (obviamente em caráter oposto ao gênero documentário, que deve representar, na essência, o antônimo de ficção).

As entrevistas também fazem parte do gênero político, principalmente porque permitem fazer as perguntas que mais interessam e ensaiar as respostas que mais convêm. *Flashes* com música popular brasileira ou músicas especialmente produzidas para o partido dão um tom sentimental, com imagens do povo sorrindo para o candidato, que pega crianças no colo e aperta a mão de quem está a seu redor.

Aproveitando a pauta das eleições, as redes usam os formatos debate e entrevista para tratar o assunto jornalisticamente. Preparam entrevistas exclusivas de longa duração e também promovem debates em estúdio com candidatos ao mesmo cargo.

Mesmo com a multiplicidade de formatos, o telespectador não está livre dos discursos longos e efusivos, como na época em que só era permitido aos partidos transmitir a convenção oficial. É o momento em que o programa decai para mostrar suas origens, já que os gêneros se modificam, mas os políticos, nem tanto.

SORTEIO

VISÃO GERAL

A união de um veículo de comunicação de massa, como a televisão, com um hábito nacional, os jogos de azar, deu origem ao gênero sorteio, nova fonte de lucro para as emissoras.

Com o apoio de programas de sucesso e apresentadores reconhecidos ou não pelo grande público, os sorteios promovidos pelas emissoras rendem milhões para elas. Os programas não passam de quinze minutos (*Papa-tudo*, da então Manchete; *Tele sena*, do SBT) e permanecem no ar apenas para incentivar o jogador a comprar carnês numerados ou ligar para um número de telefone. Em alguns casos, alguma pergunta está em jogo.

Os resultados do sorteio são dados no ar e apresentam os ganhadores e os prêmios para atestar a veracidade do programa. Os programas de sorteio podem ser semelhantes a uma loteria e promover uma marca ou produto. Em ambos, o telespectador é estimulado a comprar bilhetes, revistas e toda sorte de produtos para concorrer a prêmios em dinheiro ou brindes oferecidos pelo patrocinador.

A marca do patrocinador fica em evidência, bem como a da rede que promove o sorteio. O SBT implantou a fórmula do seu principal produto, o Baú da Felicidade, uma forma de captar recursos que alavancou os negócios do Grupo Silvio Santos. A venda de carnês, cujas prestações o comprador deve pagar pontualmente todo mês para concorrer a sorteios de casas, carros e eletrodomésticos, é incentivada pela possibilidade de retirar a quantia paga em bens de consumo nas lojas do próprio grupo. O sucesso do empreendimento estimulou todas as outras redes a entrar no negócio, reformatando o produto.

O formato é sempre o mesmo: mulheres bonitas com figurinos minúsculos fazem par com um apresentador simpático e sorridente. A divulgação dos números sorteados é feita ao vivo, em cenários que podem ter bolas, dados, cartas e toda série de recursos de precisão duvidosa. Por esse motivo, alguns sorteios contam com auditores independentes, que acompanham a escolha dos ganhadores. No caso de cartas dos telespectadores, que enviam respostas a perguntas óbvias ("Qual é a pasta de dente que deixa seu SORRISO mais brilhante?", concurso promovido pela pasta de dente Sorriso) ou embalagens do produto patrocinador, os auditores são uma tentativa de demonstrar que o sorteio é sério.

TELECOMPRA

VISÃO GERAL

A maioria das emissoras de sinal aberto vende horários para as empresas de comércio pela televisão, em geral no início da manhã ou no final da noite, no encerramento da programação, quando a audiência é menor. Mas esse tipo de negócio tem crescido, tanto que no final de 1995 se criou um canal exclusivo de vendas cuja programação se baseia em comerciais de dois minutos, com um formato semelhante ao de reportagem.

O *Shop tour* é também classificado de "programa de serviços"[94]. O aumento da produção de programas para divulgar produtos já determina o surgimento desse novo gênero: "apresentamos o gênero publicidade: programas ou blocos de programação (intervalos comerciais na TV aberta) destinados a fazer a promoção e venda de produtos"[95]. As reportagens em locais de venda são realizadas para demonstrar os produtos e divulgar preços. Porém, é nos estúdios que a *performance* dos apresentadores se transforma em uma espécie de ação teatral.

Os apresentadores divulgam os produtos, fazem a demonstração e tentam convencer o espectador com a insistência de vendedores de semáforo. Alguns programas contam com auditório, para aumentar a aceitação do produto vendido. Ao vivo ou gravados, os programas do gênero telecompras – que têm o objetivo de vender o produto imediatamente por telefone ou estimular a compra em local divulgado – têm aumentado o lucro do vendedor e também ganhado mais espaço nas emissoras.

A venda pela televisão de produtos que não se encontram normalmente nas lojas tem sido uma forma muito utilizada por fabricantes dos mais diversos ramos para diminuir custos operacionais de distribuição. Os bons resultados são praticamente certos, devido à insistência com que os programas de telecompras expõem o produto.

Esses programas comercializam de tapetes a carros e ajudam a tirar rostos do anonimato, pois lançam profissionais que se especializam na arte de vender pela TV.[96] Os apresentadores, atores e atrizes chegam a ficar horas no ar e vendem por insistência. Alguns garantem que conhecem e aprovam o produto; outros apenas ressaltam as qualidades e o preço dele. O objetivo é fazer uma venda imediata, pegando o consumidor por impulso. Por isso, é necessário o acordo do programa com empresas de telefonia, recorrendo a sistemas de atendimento eletrônico para não perder ligações.

FORMATO

O gênero telecompras usa vários formatos. O principal deles é a entrevista, sempre com um consumidor ou especialista no produto. Artistas e esportistas emprestam sua credibilidade para convencer o telespectador de que o produto é confiável. Pode-se ver também o formato de auditório, em que o público, convidado ou contratado, assiste a uma demonstração, simula aprovação com palmas ou é pego "de surpresa" para testar o produto e depois dizer: "Sim, é ótimo, eu adorei!" O formato de reportagem também tem sido utilizado para convencer o comprador de que várias pessoas em vários lugares do mundo já usam o que está sendo vendido "só hoje, aqui, agora, com preço especial, para ser pago em várias vezes e levando ainda, de brinde, o dobro de produtos. Você não vai perder, vai?" Narração em *off* e dublagens também são formatos utilizados em programas importados que circulam pelo planeta e vendem produtos em todas as línguas.

O formato testemunhal é bastante empregado pelo gênero telecompras. Alguém famoso garante: "Eu consumo este produto" – é o suficiente para que o telespectador sinta necessidade de comprar imediatamente, pelo telefone que está a seu lado, um remédio, aspirador ou bebida. Outro artifício é o de várias pessoas que parecem consumidoras comuns atestarem que o produto é bom mesmo e contarem histórias pessoais ("eu emagreci dez quilos e logo arrumei um namorado!"), dando ao programa um tom de humor. Nesse campo, a categoria publicidade consegue ótimos resultados.

GÊNEROS DA CATEGORIA OUTROS

OUTROS

VISÃO GERAL

A multiplicidade de fórmulas de produção, a migração entre as categorias e a criatividade dos diretores faz alguns programas de TV não terem um rótulo que defina seu gênero ou sua origem. Alguns são experiências únicas, que poderiam ser classificadas de "especiais", ou aproximam-se de certos gêneros, mas não são classificados pelas redes. Por isso,

> é importante ressaltar que os gêneros modificam-se, fundem-se e se diversificam constantemente. Essa fusão e pulverização constante originam matrizes multigenéricas, concebidas, muitas vezes, como novas categorias de gêneros. Este processo incessante se deve à inserção do gênero em um panorama cultural e histórico e ao seu objetivo mercadológico, que o impele a satisfazer os desejos das audiências. A interação do gênero com produção e recepção adapta-o sempre às novas realidades e tendências. [...] O gênero não é, portanto, uma estrutura estática ou fixa,

mas sim em constante evolução. As regras que o compõem estão sujeitas a constantes alterações, podendo mesclar-se e fundir-se com as de outros gêneros, originando novas matrizes genéricas.[97]

A classificação de alguns programas com a denominação "outros" permite uma releitura da produção e a tentativa de identificar um novo gênero. Em alguns casos, podem aproximar-se de uma ou mais categorias.

FORMATO

As produções independentes, denominação dos programas realizados por produtoras de vídeo que não possuem canais de exibição próprios, conseguem resultados mais diversificados quando não se atêm à padronização imposta pela programação das emissoras.

A experimentação e a tentativa de inovar podem se valer da mistura de formatos para obter um resultado inusitado no vídeo. Um exemplo é o "videopoema" *Morte e vida severina* (Globo), realizado na década de 1980. Juntou ao formato musical um poema de João Cabral de Melo Neto teledramatizado. Encaixa-se na categoria entretenimento, porém não deixa de ser educativo, pois apresenta cenas do sertão nordestino e um texto de conhecido autor brasileiro. Esse programa único, tratado como "especial", notabilizou um novo formato pelo sucesso que obteve.

As séries de ficção (*A vida como ela é*, da Globo) também aproveitam o texto literário. O programa *Brasil legal* (Globo) misturava o formato documentário aos de entrevista, musical e humorístico – assim, não definia seu gênero e se inseria em duas categorias, informação e entretenimento.

ESPECIAL

VISÃO GERAL

O *marketing* das emissoras comerciais é reforçado com algumas produções que fogem aos padrões da programação horizontalizada. Para atrair o público, as redes buscam atrativos nas artes e nos espetáculos e em programas dos mais variados gêneros para produzir seus "especiais".

Esse gênero aparece na grade horária frequentemente em horário nobre e sua principal característica é a não continuidade, sendo um único programa produzido e programado para ir ao ar em horário de maior interesse da emissora e do patrocinador. Por isso, as datas comemorativas e festivas (Natal, carnaval etc.) e de aniversário das emissoras são oportunidades para as redes lançarem programas especiais.

FORMATO

Os programas especiais podem ser aliados a gêneros diversos. Os mais comuns são os musicais, os *shows* ao vivo, a ficção (seriada ou de capítulo único), os documentários, entrevistas com personalidades e reportagens exclusivas.

EVENTO

VISÃO GERAL

A produção de programas sobre eventos depende das oportunidades das emissoras de aproveitar acontecimentos independentes da televisão que podem ser transformados em programas de longa duração, com boa rentabilidade comercial. Anunciantes de grande porte patrocinam eventos para exibir sua marca ao público presente e ao telespectador, e contam ainda com as chamadas na TV durante a programação e nas reprises.

O gênero evento pode estar associado a várias categorias: informação, em eventos realizados na cobertura jornalística de eleições; entretenimento, em espetáculos artísticos num programa ou numa série e, dependendo do motivo, até num programa diário, como é o caso dos *shows* de rock e dos festivais de inverno; educação, em congressos e feiras profissionais. Os eventos esportivos – Copa do Mundo, Olimpíadas, campeonatos nacionais e regionais – são atrações essenciais na programação de todas as emissoras devido ao retorno publicitário dessas produções, que podem ser simples ou muito sofisticadas.

FORMATO

Os eventos realizados independentemente da televisão presumem obrigatoriamente o formato ao vivo. Podem ser *transmitidos ao vivo* ou *gravados ao vivo*.* Em coberturas de eventos da categoria informação, a realização de reportagens, com o apresentador no estúdio ou no local da gravação, dá agilidade ao programa e mais informações para quem assiste a ele pela TV. Os eventos musicais já têm o formato de auditório, importante para demonstrar a animação da atração.

A narração em *off* de eventos esportivos, com comentários ao vivo, é obrigatória para esclarecer o telespectador do andamento da competição. Vinhetas e videoclipes também complementam os programas e preenchem espaços, comuns nas transmissões ao vivo. Os eventos podem tornar-se programas especiais, para o que passam por reedição, e muitos ganham uma versão compacta, para ser inseridos em outros horários.

RELIGIOSO

VISÃO GERAL

No universo de produção de programas de televisão, alguns gêneros têm mais influência no público pelo uso de outros recursos, como publicações, cursos e produtos. Um dos exemplos é o gênero religioso, que se encontra na grade horária da maioria das redes e continua avançando em redes abertas e por assinatura e também fora da TV, em inúmeros subprodutos lançados por ela, como constata William Fore:

---

* Veja a diferenciação no quadro "Formatos dos programas na televisão brasileira" (p. 169).

> [...] a igreja eletrônica produz novos e numerosos modelos de comunicação interativa que se utilizam não só das tecnologias da televisão, do satélite ou do cabo, mas também do computador, da mala direta, de livros, panfletos, cursos, linhas telefônicas e grupos regionais e locais usados para consulta e orientação.[98]

O gênero tem origem nos Estados Unidos, que abriram suas telas para os programas religiosos. A igreja cristã é a responsável pelo crescimento do gênero religioso na TV. Da religião católica e principalmente da protestante saíram os tele-evangelistas dos programas batizados de *igrejas eletrônicas*:

> O conceito de "igreja eletrônica", assim como costuma ser empregado nos EUA, tem uma peculiaridade que torna difícil sua transposição, sem mais, a essa realidade. Designa um fenômeno bastante peculiar e característico da realidade norte-americana: o intenso e crescente uso dos meios eletrônicos, especialmente da TV, por lideranças religiosas, quase sempre fortemente personalizadas e relativamente autônomas em relação às denominações cristãs convencionais. [...] É certo que eles também utilizam abundantemente o rádio. Mas o que os define é a sua imagem de "tele-evangelistas".[99]

Os programas religiosos atendem ao crescimento das igrejas e denominações que se difundem no Brasil desde o início da década de 1980. Os programas apresentam "grande variedade de tradições religiosas e formatos na programação e vão ao encontro dos seus valores institucionais particulares e dos objetivos organizacionais"[100].

Os programas relacionados na grade horária da programação das redes brasileiras apresentam características já identificadas por Onésimo Cardoso:

1. Programas distribuídos nacional ou internacionalmente.
2. Apresentação exercida por uma liderança de significativo peso carismático.

3 Solicitação de recursos aos telespectadores para sustentação do programa ou da estrutura que o mantém.
4 Elevados custos de produção e de veiculação.
5 Venda de produtos, tais como livros e discos pelos programas.
6 Sistema de controle por telefone, cartas e computação de simpatizantes, colaboradores e telespectadores em geral.[101]

Os programas são em maioria produzidos pelas próprias igrejas, que compram o horário da rede. Por esse motivo, o gênero é fonte de receita nos horários de pouca audiência.

A exceção na comercialização de horários para transmissão dos programas religiosos é a Rede Record, que pertence a um bispo protestante carismático: os programas são produzidos pela própria emissora e inseridos na programação.

A mesma rede já foi difusora da religião católica. Nos anos 1970, transmitia a *Missa da Record* aos domingos de manhã. A Igreja Católica também tinha um programa na TV Cultura, a *Missa de Aparecida*, transmitido ao vivo todo domingo da cidade Aparecida do Norte (SP), local de peregrinação católica. O fenômeno padre Marcelo levou até a Rede Globo a investir no gênero.

FORMATO

Nos programas religiosos, o apresentador é tão importante quanto nos telejornais. Pessoa de destaque na religião que mantém o programa, ele serve de ligação entre os formatos apresentados. "O sucesso dos ministérios eletrônicos apoia-se na figura carismática de seus líderes."[102]

O formato tradicional é o de transmissão ao vivo ou de gravação dos encontros religiosos (missas, cultos ou rituais), com público no auditório (normalmente, o próprio templo). A plateia, formada de fiéis, demonstra sua fé com hinos, orações e manifestações espontâneas ou solicitadas pelo líder.

Os programas de estúdio apresentam maior variedade de formatos: entrevistas, debates e reportagens fazem parte das produções mais sofisticadas e dinâmicas. A leitura e interpretação da Bíblia pelo apresentador é comum em alguns programas.

Os musicais também são um formato bastante utilizado nos programas de religiões que incentivam o uso de instrumentos nos encontros. Os conjuntos musicais e videoclipes retomam os grandes sucessos da música *pop* promovidos pelo vídeo.

FORMATOS DOS PROGRAMAS NA TELEVISÃO BRASILEIRA

Exemplos de formatos de produção e sua utilização pelos gêneros nos programas ao vivo ou gravados, em estúdio ou em gravações externas

FORMATO	AO VIVO	GRAVADO	ESTÚDIO	EXTERNA
Ao vivo*	X	X	X	X
Auditório	X	X	X	X
Calouros	X	X	X	
Câmera oculta (pegadinhas)		X		X
Capítulo		X	X	X
Debate	X	X	X	X
Depoimento	X	X	X	X
Documentário		X		X
Dublado		X	X	
Entrevista	X	X	X	X
Episódio		X	X	X
Esquete		X	X	X
Game show	X	X	X	X
Instrucional		X	X	X
Interativo	X		X	X
Interprogramas		X		
Jurados	X	X	X	
Legendado		X	X	
Mesa-redonda	X	X	X	X
Musical	X	X	X	X
Narração em *off*	X	X	X	X
Noticiário	X	X	X	
Quadros		X	X	X
Reportagem	X	X		X
Revista	X	X	X	
Seriado		X	X	X
Talk show	X	X	X	X
Teleaula	X	X	X	
Teleconto		X	X	X
Telejornal	X	X	X	
Teleteatro		X	X	
Teletexto		X	X	
Testemunhal	X	X	X	X
Videoclipe		X	X	X
Videopoema		X	X	X
Vinheta		X	X	
Voice-over	X	X	X	

* Este formato tem variações: "transmitido ao vivo" ou "gravado ao vivo".

FORMATOS E SUA UTILIZAÇÃO NOS GÊNEROS

AO VIVO – O formato pode ser *transmitido ao vivo*, em tempo real, simultaneamente ao acontecimento, ou *gravado ao vivo*. Os programas transmitidos ao vivo evitam cortes e interrupções no meio da atração; é o caso de eventos esportivos e espetáculos realizados independentemente da televisão e com público próprio. Quando há intervalo comercial, o telespectador perde o que ocorre ao vivo. Para que isso não ocorra, alguns programas podem ser *gravados ao vivo* para exibição posterior. Com isso, passam pela fase de pós-produção, na qual podem ser inseridos uma apresentação em estúdio, cortes ou efeitos especiais. São então editados e finalizados de acordo com o tempo determinado pela programação da emissora.

AUDITÓRIO – Muitos programas não são do gênero auditório, mas usam o *formato auditório* para aquecer a produção. Diferentemente dos programas do gênero auditório, os programas com esse formato fazem do público uma parte da gravação, mas não essencial. Por isso, não se planejam os posicionamentos de câmeras e a área de circulação do apresentador para deixar o auditório em evidência. O formato auditório aparece somente em segundo plano, e às vezes nem existe público: o áudio – palmas, risos, reações – podem ser reforçados e adicionados na edição, caso o programa seja gravado. Alguns humorísticos dão a ideia de que existe um auditório apenas com a sonoplastia de risos e palmas. Certos programas de variedades incluem o auditório para compor o cenário e interagir com o apresentador. O gênero musical também lança mão do formato auditório com o objetivo de transmitir um clima de *show* na produção. O auditório lotado é um recurso cenográfico importante para dar a ideia de grande interesse do público pelo programa.

CÂMERA OCULTA (PEGADINHAS) – O formato impõe a captação de cenas sem que o(s) participante(s) estejam cientes da gravação. A câmera oculta também é utilizada pelo telejornalismo em reportagens investigativas. As pegadinhas mais comuns são do gênero humorístico, mas podem ser produzidas com intenção educativa (não jogar papel na rua, comportar-se bem no trânsito etc.). No formato "pegadinhas", a câmera oculta faz "gravação ao vivo". Depois, a equipe de produção providencia a autorização para usar a imagem, que deve ser dada pelos participantes. Se o formato for utilizado no telejornalismo investigativo, a emissora assume a responsabilidade pela divulgação das imagens.

CAPÍTULO – Formato utilizado na teledramaturgia. O objetivo do capítulo é conquistar uma audiência cativa, pois estimula o telespectador a assistir continuamente o programa para entender a história e se envolver emocionalmente com a trama. Não tem começo e fim claramente demarcados no mesmo capítulo.

DEBATE – Para aumentar a polêmica em determinados assuntos, os programas dos gêneros variedades e auditório lançam mão do formato debate. O debate pressupõe a discussão sobre um tema entre vários participantes, convidados e público. Como não existe divergência de opiniões se os participantes pensarem da mesma maneira, a produção convida pessoas com perfis diferentes, até para que o programa não fique morno. O gênero esportivo também usa esse formato.

DEPOIMENTO – Formato de reportagem no qual o entrevistado é enfocado em primeiro plano, olhando para a câmera ou para o entrevistador, que não aparece no vídeo. O formato depoimento evita as interrupções de perguntas do entrevistador. Quando há perguntas, elas podem ser eliminadas na edição (veja o formato reportagem).

DOCUMENTÁRIO – O programa formatado como documentário procura convencer o telespectador de que as informações são verdadeiras. Programas políticos e até o gênero telecompras buscam no formato documentário um apoio para que suas mensagens transmitam confiança. Os programas de variedades com tom humorístico também usam o formato. É o caso do programa da Globo *Brasil legal*, apresentado por Regina Casé, que também utilizava o formato entrevista.

DUBLADO – Alternativa ao formato legendado, a dublagem é uma atividade especializada de leitura interpretada e sincronizada das falas de programas estrangeiros traduzidas para o português, substituido-as. Séries, filmes e desenhos são alguns dos gêneros que usam o formato. O gênero testemunhal, da categoria publicidade, também o utiliza, porém sem atentar muito para a sincronização da nova voz com a do apresentador.

ENTREVISTA – O uso do formato entrevista, muito empregado no gênero telejornal, tem sido cada vez mais variado. De variedades a humorísticos, passando pela teledramaturgia, quase todos os programas utilizam a entrevista para reforçar assuntos enfocados pelo programa. A entrevista é também um gênero da categoria informação.

EPISÓDIO – Diferentemente do formato capítulo, o roteiro dos episódios pressupõe um programa com começo, meio e fim no mesmo dia. É utilizado, entre outros, nos gêneros teledramaturgia, humorístico e *sitcom*.

ESQUETE – Formato da teledramaturgia, com atores encenando textos curtos, é usado em programas de vários gêneros, principalmente o humorístico e também no infantil.

GAME SHOW – Nos programas de auditório e de variedades, em musicais e até culinários, a competição ajuda a estimular a alegria e descontração da audiência. Jogos e brincadeiras fazem o telespectador participar em casa ou o incentivam a interagir com o programa.

No formato *game show* pode-se utilizar uma miscelânea de formatos: auditório, musical, interativo...

INSTRUCIONAL – Orienta o telespectador a realizar alguma tarefa ou atividade profissional. Instrui a audiência a resolver problemas do cotidiano ou de funções especializadas. Utilizado também por programas do gênero infantil, esse formato ensina as crianças a fazer brinquedos ou realizar pequenas tarefas.

INTERATIVO – A audiência é estimulada a participar por carta, fax, telefone e Internet. O formato interativo é utilizado principalmente por programas que também aplicam o formato ao vivo. Encontram-se exemplos na teledramaturgia, nos *game shows*, nos *reality shows* e nos programas de variedades, entre outros.

LEGENDADO – Formato usado em programas e filmes em língua estrangeira. Com um gerador de caracteres, as legendas costumam ser inseridas em filmes e documentários para traduzir os diálogos ou a narração, deixando inalterado o áudio – vozes e trilha sonora.

MESA-REDONDA – Discussão de temas por vários convidados, entrevistados, especialistas e comentaristas. Mediado por um apresentador principal, o formato mesa-redonda é em geral utilizado pelo gênero esportivo. Confunde-se com o formato debate por causa da eventual discordância dos participantes, que, no entanto, não é a tônica do programa. Os programas de prestação de serviços, da categoria informação, também aplicam em seus gêneros a fórmula do formato mesa-redonda para esclarecer temas de interesse da população, sem necessariamente gerar discussão.

MUSICAL – Os programas dos gêneros variedades e auditório utilizam o formato musical como uma das atrações. Os *talk shows* e os humorísticos também aplicam esse formato com frequência.

NARRAÇÃO EM *OFF* – Formato usado em documentários e reportagens. É uma alternativa ao formato legendado. Há exemplos de teledramaturgia que utilizam a narração de trechos da trama em *off*.

NOTICIÁRIO – Leitura de notícias pelo apresentador, sem o uso de reportagens ou outros formatos do gênero telejornalismo. No jargão jornalístico, é um telejornal somente com "notas peladas", sem imagens.

QUADROS – A maior parte do gênero humorístico utiliza quadros, também classificados como esquetes, para compor os programas. Alguns humoristas consagrados criam personagens que são apresentados em vários quadros do programa. Os gêneros variedades e teledramaturgia também usam o formato, assim como os programas religiosos, que ilustram suas pregações com quadros.

REPORTAGEM – Utilizado principalmente no gênero telejornalismo, é um formato em geral de curta duração. No gênero documentário, porém, a duração é maior. Associado a outros formatos, como câmera oculta e narração em *off*, serve ao desenvolvimento do jornalismo investigativo. Em geral, o formato reportagem põe o repórter em evidência, narrando um assunto e fazendo entrevistas. Utilizado em todas as categorias, os vários gêneros aplicam o formato reportagem em programas de auditório, de esportes, políticos e educativos. Tem lugar garantido nos programas da categoria informação. A reportagem é um exemplo de formato que pode usar outros, como depoimento, narração em *off* e legendado.

REVISTA – O formato, também classificado como gênero da categoria entretenimento, pode ser aplicado aos programas da categoria informação. A fórmula revista pressupõe um apresentador em estúdio que introduz os assuntos em diversos formatos – ao vivo ou gravados –, como entrevista, reportagem e videoclipe, entre outros formatos que garantem a multiplicidade de assuntos e informações.

SERIADO – Diferente do formato capítulo e semelhante ao formato episódio, o seriado deu origem à fórmula de prender a audiência com histórias que envolvem sempre as mesmas personagens e têm começo, meio e fim, mas dão margem à continuidade. O gênero *sitcom* utiliza o formato seriado, saído dos antigos seriados do gênero *western*. Os programas seriados elaboram roteiros para uma audiência cativa e ao mesmo tempo permitem que novos telespectadores entendam o assunto e reconheçam as personagens em apenas um programa. Os seriados também são usados pelo gênero educativo voltado para o público infantojuvenil.

TALK SHOW – Também classificado de gênero da categoria entretenimento, o formato *talk show* aparece como mais uma atração de vários gêneros, como variedades e auditório. Seu elemento principal é a descontração, que fica a cargo do apresentador. (Veja o formato entrevista.)

TELEAULA – Formato de baixo custo na categoria educação e no gênero educativo, pode ter por cenário apenas uma sala de aula comum ou, em produções mais criativas, um ambiente com telão e a inserção de gráficos no vídeo. O formato teleaula também serve aos programas das categorias informação e entretenimento (infantis). O gênero humorístico também se utiliza do formato para satirizar uma sala de aula com esquetes.

TELEJORNAL – O gênero se transforma em formato quando aplicado com objetivos publicitários ou fins específicos, como em programas educativos. Os programas adquirem o formato de telejornal quando um apresentador chama reportagens ao vivo ou pré-gravadas e editadas e até faz entrevistas em estúdio. Pode ter um ou dois apresentadores e contar com comentaristas. Todas as categorias se utilizam desse formato, inclusive publicidade.

TELETEXTO – Informações inseridas no vídeo pelos canais de notícias. É utilizado também quando a programação está fora do ar e a emissora divulga sua programação ou notícias pelo gerador de caracteres, que faz os chamados "letreiros".

TESTEMUNHAL – Formato utilizado pelo gênero telecompras, no qual um artista, personalidade ou convidado dizem ter usado determinado produto e atestam sua qualidade. Formato também utilizado nos gêneros docudrama e religioso, em que as pessoas contam histórias que viveram.

VIDEOCLIPE – Feito inicialmente para o gênero musical, tornou-se um formato de apoio a várias produções. O gênero humorístico cria letras inéditas para compor quadros com música e cenas de ficção. O gênero documentário usa o formato para dar leveza ao programa e realçar aspectos importantes com uma letra de música que combine com o assunto enfocado. Os esportivos montam videoclipes com esportes radicais e cenas das competições. O gênero telejornal passa os créditos de encerramento por sobre as imagens do principal assunto do dia. O formato é também uma oportunidade para mostrar a criatividade da produção e a qualidade da edição em vários gêneros.

VINHETA – Formato classificado em: vinheta de abertura de programa, vinheta de passagem, vinheta de próxima atração e vinhetas comerciais ou classivídeo.[103] Programas de todos os gêneros utilizam o formato vinheta (inclusive humorística e comercial) na abertura ou em meio à transmissão.

VOICE-OVER – Alternativa ao formato legendado e variação do formato narração em *off* em produções que necessitam de tradução. O formato *voice-over* insere a voz do narrador em português sobre a voz original em idioma estrangeiro. Porém, é possível escutar o som original em volume mais baixo. Com isso, o áudio original permanece baixo em um canal e a tradução é inserida em outro canal em nível normal.

Esta segunda edição identifica, no quadro da p. 169, mais alguns formatos que são variações de outros já descritos ou não constavam na programação das emissoras no período da pesquisa original (1996). Alguns exemplos dessas variações em canais distintos: Calouros (*Programa Raul Gil*, SBT; *The voice Brasil*, Globo); Jurados (*Dança dos famosos*, Globo); Interprogramas (chamadas de divulgação da programação da emissora); Videopoema e Teleconto (Cultura).

NOTAS BIBLIOGRÁFICAS

1. Richard Weiner, *Webster's new world dictionary of media and communication.*
2. Renato Ortiz, Silvia Helena Simões Borelli e José Mario Ortiz Ramos, *Telenovela – História e produção*, p. 64.
3. Mário Ferraz Sampaio, *História do rádio e da televisão no Brasil e no mundo*, p. 153-4.
4. Sérgio Miceli, *A noite da madrinha*, p. 19.
5. Décio Pignatari, *Signagem da televisão*, p. 13.
6. www.tudosobretv.com.br. Depoimento de Gonçalo Roque a Renata Fiordelisio, Mauricio Valim e Soraya Costa, organizadores do *site*.
7. Isabel Travancas, "A coluna de Ibrahim Sued. Um gênero jornalístico", p. 109.
8. Amaury Junior, *Flash fora do ar. Revelações e histórias dos 18 anos do programa Flash*.
9. Ricardo Valladares, "Arroz-de-festa".
10. Ignácio de Loyola Brandão, "As histórias do Amaury Júnior".
11. *Folha de S.Paulo*, TV Folha, 10 jun. 2001.
12. Eduardo Miranda, *Rede Manchete – Boletim da programação*. Rio de Janeiro, Departamento de Comunicação da Rede Manchete de Televisão, out. 96.
13. Marcos Pierry e Keila Jimenez, "Para crianças de 30 anos".

14. *O Estado de S. Paulo*, 9 jul. 2000, Suplemento Telejornal.
15. José Alberto Bombig e José Henrique Mariante, "Seleção convive com ingerência da Globo".
16. Gary Edgerton, "The American made-for-TV movie", p. 152.
17. Anne Cooper e Regina Silva, *Television game shows in Brazil and the United States*.
18. Mario Ferraz Sampaio, *op. cit.*
19. Silvia H. S. Borelli e Gabriel Priolli (coords.), *A deusa ferida – Por que a Rede Globo não é mais a campeã absoluta de audiência*, p. 122.
20. Maurício Sherman, "Humor brasileiro".
21. André Barbosa Filho, *Gêneros radiofônicos – Tipificação dos formatos em áudio*, p. 76.
22. Brian Rose, *TV genres*, p. 353.
23. Mario Ferraz Sampaio, *op. cit.*, p. 207.
24. Lara Maria. *Televisão – 50 anos: inventário da programação infantil.*
25. Mario Ferraz Sampaio, *op. cit.*, p. 205.
26. Anamaria Fadul, *Serial fiction in TV*, p. 112.
27. Marcia Perencin Tondato e Renata Carrara, "TV de sinal aberto busca seu caminho em tempo de TV por assinatura", p. 83.
28. *O Estado de S. Paulo*, 16 jul. 2000, suplemento Telejornal.
29. *O Estado de S. Paulo*, 17 set. 2000, suplemento Telejornal.
30. Décio Pignatari, *op. cit.*, p. 140.
31. *Ibidem*, p. 141.
32. *Ibidem*, p. 147.
33. Conrad Phillip Kottak, *Prime-time society*, p. 38.
34. Ortiz, Borelli e Ramos, *op. cit.*, p. 96.
35. Anamaria Fadul, *op. cit.*, p. 153.
36. José Marques de Melo, *As telenovelas da Globo – Produção e exportação*, p. 31.
37. *Ibidem*, p. 30.
38. Ortiz, Borelli e Ramos, *op. cit.*, p. 112.
39. *Ibidem*, p. 91 e 93.
40. Ana B. Uribe Alvarado, *La telenovela en la vida familiar cotidiana en México*, p. 116 e 117.
41. Conrad Phillip Kottak, *op. cit.*, p. 39.
42. Ortiz, Borelli e Ramos, *op. cit.*, p. 11.
43. *Ibidem*, p. 22.
44. Anamaria Fadul, *op.cit.*, p. 124.
45. Ortiz, Borelli e Ramos, *op. cit.*, p. 58.
46. Ana Paula Franzoia, Jayr Pavão e Lauro Lisboa Garcia. "As novelas que fizeram história".
47. Maria Immacolata V. Lopes, Silvia Helena S. Borelli e Vera da Rocha Resende, *Vivendo com a telenovela: mediações, recepção, teleficcionalidade.*
48. *O Estado de S. Paulo*, 16 jul. 2000, suplemento Telejornal.

49. Conrad Phillip Kottak, *op. cit.*, p. 39.
50. Anamaria Fadul, *op. cit.*, p. 129 e 8.
51. João Luís Van Tilburg, *Para uma leitura crítica da televisão*, p. 22.
52. Marcos Pierry e Sônia Apolinário, "Reservatório de games".
53. Rodrigo Dionísio, "SBT reconhece erros do programa".
54. Marcelo Marthe e Ricardo Valladares, "Pelo buraco da fechadura".
55. Marcos Pierry, "Inspiração tem limites", p. 9.
56. Eugênio Bucci, "Acabou a esbórnia".
57. Marcos Pierry, *op. cit.*, p. 8.
58. Dallmo O. Souza e Silva, "A ágora ou o zoológico humano?", p. 43.
59. Cláudia Croitor e Érika Sallum, "Novas atrações oferecem mais do mesmo".
60. *O Estado de S. Paulo*, 9 jul. 2000, Suplemento Telejornal.
61. José Arbex Jr., *Shownalismo: a notícia como espetáculo.*
62. Ortiz, Borelli e Ramos, *op. cit.*, p. 113.
63. *Ibidem*, p. 121 e 122.
64. Brian Rose, *op. cit.*, p. 6.
65. *Ibidem.*
66. *Folha de S.Paulo*, 4 nov. 2001, TV Folha.
67. Arthur da Távola, "Televisão e sociedade", p. 139, 170 e 171.
68. Daniel Filho. "Criatividade – Novas ideias em televisão", p. 197.
69. Brian Rose, *op. cit.*, p. 107.
70. Sérgio Charlab e Raquel Zampil, www.selecoes.com.br, 29 fev. 2004.
71. www.artv.art.br, 29 fev. 2004. Entrevista concedida a Duba Elia, Iara Sydenstricker e Mauro Alvim.
72. Brian Rose, *op. cit.*, p. 229.
73. Gabriel Priolli, "Senta, levanta".
74. Marcelo Migliaccio, " 'O Povo na TV' foi o pioneiro na apelação para o mundo cão".
75. Muniz Sodré, *A comunicação do grotesco*, p. 64.
76. Cláudia Croitor, "Os novos reis da baixaria".
77. Beto Junqueira, *Ratinho: coisa de louco! A história empolgante e divertida de um brasileiro que saiu da roça para se tornar um sucesso da televisão*, p. 127.
78. Muniz Sodré, *op. cit.*, p. 73.
79. Raymond Carroll, "Television documentary", p. 237.
80. Sérgio Rizzo, *Cinema.*
81. José Marques de Melo, *A opinião no jornalismo brasileiro*, p. 62.
82. Gabriel Priolli *op. cit.*
83. José Marques de Melo, *op. cit.*, p. 23.
84. José Marques de Melo, *Para uma leitura crítica da comunicação*, p. 146.
85. Idem.
86. Gontijo Teodoro, "Você entende de notícia?", p. 205.
87. Fernando Barbosa Lima, *TV ao vivo: depoimentos*, p. 32.
88. Gontijo Teodoro, *Jornalismo na TV*, p. 37.

89. Guilherme Jorge de Rezende. *Telejornalismo no Brasil – Um perfil editorial*, p. 274.
90. Ana Sílvia Lopes Davi Médola, "A produção independente na televisão do interior. O caso de Bauru", p. 71.
91. Sebastião Squirra, "O telejornalismo brasileiro num cenário de competitividade", p. 37.
92. Classificação apresentada por Guilherme Jorge de Rezende, *op. cit.*, p. 216.
93. Fernando Meireles e Marcelo Tas, *TV ao vivo: depoimentos*, p. 181-3.
94. Sandra Reimão (coord.), *Em instantes – Notas sobre a programação na TV brasileira (1965-1995)*, p. 86.
95. Cristiane Brum Bernardes, Patrícia Rocha da Silva e Sérgio Capparelli, *Os gêneros na programação televisiva*, p. 6.
96. Érika Sallum, "Apresentadores vendem a própria imagem", p. 12.
97. Cristiane Brum Bernardes, Patrícia Rocha da Silva e Sérgio Capparelli, *op. cit.*, p. 2.
98. Willian F. Fore, "Living church and electronic church compared", p. 46.
99. Hugo Assmann, *Igreja eletrônica e seu impacto na América Latina*, p. 157.
100. Walter Alberto Wiegratz Costa, *Tela crente apresenta – Rede Record: a igreja eletrônica de Edir Macedo*, p. 37.
101. Onésimo de Oliveira Cardoso, "A igreja eletrônica: os programas religiosos na televisão brasileira", p. 5.
102. Walter Alberto Wiegratz Costa, *op. cit.*, p. 39.
103. Sidney Carlos Aznar, *Vinheta: do pergaminho ao vídeo*.

Encerramento – Conclusões

Ao realizar este trabalho, constatei que a maior parte da bibliografia sobre gêneros dos programas da TV vem do país que mais desenvolveu sua indústria de televisão: os Estados Unidos. Por isso, este estudo tenta contribuir com as pesquisas sobre a programação da TV e sobre a classificação da programação, do ponto de vista das redes de TV com sinal aberto.

Não existiu aqui a pretensão de apresentar conceitos fechados, visto que há muito por pesquisar em inúmeros aspectos que merecem ser enfocados em outros trabalhos na área: histórico do desenvolvimento internacional dos gêneros nas mídias visuais eletrônicas, principalmente na televisão; registros da programação da TV brasileira e estrangeira; e análise da reação da audiência perante os gêneros e seus formatos. A falta de bibliografia nacional que trate exclusivamente do tema gêneros e formatos tornou necessário elaborar um *manual* das categorias.

As dificuldades encontradas na classificação, nem sempre dada nos boletins de programação das emissoras, talvez fique patente em alguns pontos da pesquisa. Não raro os jornais não divulgam a classificação da emissora. No entanto, mantive prioritariamente a classificação sugerida pelo boletim de programação das redes.

É importante esclarecer que, no Brasil, os gêneros são definidos pela emissora segundo o seu entendimento e as suas estratégias de *marketing*. Por isso, podem mudar de uma para a outra.

Constatei que a categoria e o gênero podem ser diferentes nos locais de produção e de exibição dos programas: vêm do país de origem com uma classificação; ao serem exibidos no Brasil, ela passa a ser outra. No gênero filme, por exemplo, a classificação do produtor ou distribuidor conforme o enredo nem sequer aparece na grade horária.

As redes classificam seus programas de maneiras diferentes, de acordo com o perfil da programação, o horário de exibição e o *marketing*. Na maioria, não levam em conta o conteúdo ou o público-alvo. Vários programas para o público infantil, por exemplo, são simplesmente classificados de série. Assim, o formato passa a definir um gênero, o que ocorre com frequência na grade horária.

Este estudo não classificou os programas com menos de quinze minutos, que poderiam apresentar, talvez, um novo gênero ou formato. O princípio desta pesquisa foi não inventar formatos e não classificar programas que não estivessem identificados no boletim de programação da emissora ou pelas fontes consultadas – livros, revistas e jornais –, mesmo que tivessem características bem definidas. Há apenas um gênero que foge à regra, acrescentado após a conclusão do trabalho e antes da publicação: o gênero entrevista mostrou-se bastante frequente e não era citado nos boletins de programação – daí a sua inclusão com ressalvas, no próprio capítulo. A falta da citação do gênero entrevista seria uma lacuna, e este trabalho, com objetivo pedagógico, poderia ser interpretado como incompleto e omisso. A confusão entre o gênero entrevista e o *talk show* foi um dos nós que tentamos desatar neste trabalho, mostrando a diferença entre ambos. Porém, emissoras e apresentadores dos dois gêneros, por desconhecimento ou por interesse comercial, classificam o seu programa de entrevista ou *talk show* a seu modo, para dar outro *status* a ele.

As sete grandes redes analisadas neste livro cobrem todo o território nacional, durante o período 1994-2003, por meio de pequenas emissoras ou retransmissoras locais, chamadas de afiliadas. Também nestas são inexpressivas as produções locais com gêneros e formatos diferentes dos transmitidos pela cabeça da rede. A falta de produção local e a eliminação do espaço para trabalhos de produtores independentes são fatores que limitam as experiências em outros gêneros. O assunto é enfocado por Médola em seu estudo da TV Bauru, no interior de São Paulo, emissora e retransmissora afiliada à Rede Globo.[1]

Alguns gêneros são históricos e tiveram vida limitada ao tempo de sucesso, como os *westerns* americanos. Alguns se perpetuam e se transformam, como os programas de auditório, atualmente classificados de variedades. Outros surgiram com a evolução da sociedade e de seus problemas, como os que retratam a violência e a criminalidade.

Depois de identificar 37 formatos aplicados em 37 gêneros distribuídos em cinco categorias, o ponto principal da pesquisa foi reconhecer que o formato é o elemento fundamental para a classificação do gênero. Formato é a linguagem desenvolvida pela televisão para dar forma a um gênero de programa de televisão e transmiti-lo. A mesma denominação pode ser um formato ou um gênero, como "entrevista". Para definir o programa, deve-se tentar identificar sua essência, da produção ao público-alvo.

A primeira edição deste livro rendeu frutos inesperados. Em 2006, a TV Escola, do Ministério da Educação e Cultura (MEC), convidou o autor para colaborar na adaptação do livro para uma série de cinco programas de televisão, intitulada "Salto para o Futuro – Televisão: Gêneros e Linguagens". Nessa série, todos os conceitos do livro foram abordados para estimular 200 mil professores da rede pública de ensino fundamental e médio a debaterem os critérios e as técnicas de produção de programas de televisão. Após a exibição, os professores enviaram mensagens ao autor, com ideias para desenvolver algum material lúdico que pudesse servir de apoio para o trabalho em sala de aula.

Nasceu assim a Roda dos Gêneros da Televisão, impresso formado por oito círculos com os elementos que determinam a classificação dos gêneros na televisão: as categorias, os gêneros, o formato, a forma de gravação/exibição e transmissão, a periodicidade, o dia da semana, o horário e a classificação indicativa da faixa etária.* Este impresso ainda deu origem a um aplicativo para dispositivos *mobile* para busca de programação na TV digital, baseado nos gêneros. O aplicativo foi desenvolvido com o apoio de pesquisadores do Centro de Tecnologia da Universidade Federal do Rio Grande do Norte (UFRN), em Natal, por meio do programa XPTA LAB, do Ministério da Cultura. O reconhecimento veio do próprio mercado: em 2010, o aplicativo recebeu o Prêmio de Melhor Inovação-Interatividade para TV digital, concedido pela Sociedade Brasileira de Engenharia de Televisão (SET).**

Gêneros viram formatos e vice-versa. As pesquisas e a criatividade profissional podem levar a uma nova classificação. Conclui-se que um mesmo programa de televisão pode ser classificado em várias categorias e gêneros e também ter vários formatos. Há gêneros que são verdadeiros tapa-buracos na programação, como os humorísticos, podendo constar em vários horários da grade. Muitas vezes, a emissora ou o jornal divulga o formato e não o gênero – é o caso das séries. Ou do telejornal, um formato do gênero jornalístico que também apresenta outros formatos (documentário, debate, entrevista...).

José Marques de Melo afirma que a natureza escapista da nossa televisão é confirmada por uma pesquisa que aponta que

> a programação é constituída quase que exclusivamente pelos programas de entretenimento, o que equivale a dizer por mensagens banais e alienantes, responsáveis pelo distanciamento dos telespectadores da realidade em que vivem.[2]

---

* A versão impressa da Roda dos Gêneros da TV Digital pode ser solicitada diretamente ao autor pelo e-mail: jcaronchi@gmail.com.

** Para conhecer o aplicativo Roda dos Gêneros da Televisão Digital, visite o site www.rodadosgenerostv.com.br.

O quadro não é assim tão negro – a TV é, por natureza, um veículo de entretenimento. O problema é que a maioria dos programas dessa categoria está deixando essa imagem ruim. A expansão do mercado em determinados gêneros, apontada por Anamaria Fadul nos *talk shows*, programas religiosos[3] e os de variedades, contribui ainda mais para reforçar a baixa qualidade. Todas as redes perdem com isso. O declínio eminente da audiência, que se cansou das fórmulas desgastadas de programas da Rede Globo, atesta que até a antiga líder absoluta do Ibope atualmente amarga a perda para programas populares do SBT e da Record.[4]

O desenvolvimento da produção de programas mostrou-se ligado ao mercado internacional de produção de equipamentos de televisão. Esse aspecto também é abordado por Gabriel Priolli, que realizou um trabalho de resgate da história da televisão a partir de sua programação. Ele associa o nível da programação ao avanço tecnológico, além de aspectos históricos e sociais. O autor classifica a programação da TV, e em consequência a própria TV, por décadas: na de 1950, a TV foi elitista; na de 1960, competiu por audiência; na de 1970, modernizou-se tecnologicamente (apesar de ser servil ao regime militar); e, na de 1980, expandiu-se.[5] A década de 1990 é marcada pelo aumento do sensacionalismo na programação, na busca desmesurada de audiência. Houve também uma migração do público para as TVs por assinatura, acirrando ainda mais a briga das emissoras por audiência para manter os patrocinadores.

A televisão brasileira mantém-se em expansão com a chegada dos canais por assinatura e operadoras de TV a cabo no Brasil na última década do século XX. Resta saber se a programação das TVs do século XXI vai continuar utilizando as categorias, os gêneros e os formatos aqui apresentados ou se os novos meios digitais e *mobile* vão conseguir impor novos padrões de linguagem. Se aceitarmos a afirmação de Todorov de que "novo gênero é sempre a transformação de um ou vários gêneros antigos: por inversão, por deslocamento, por combinação..."[6], podemos acostumar-

-nos com a conta da TV por assinatura para assistir ao novo programa, ou seja, o de sempre. Quem vai pagar para não ver?

NOTAS BIBLIOGRÁFICAS

1. Ana Sílvia Lopes Davi Médola, "A produção independente na televisão: o caso de Bauru", p. 69.
2. José Marques de Melo, *Para uma leitura crítica da comunicação*, p. 78.
3. Anamaria Fadul, *The radio and television environment in Brazil*, p. 61.
4. Silvia H. S. Borelli e Gabriel Priolli (coords.), *A deusa ferida - Por que a Rede Globo não é mais a campeã absoluta de audiência.*
5. Gabriel Priolli, "A tela pequena no Brasil grande".
6. Tzvetan Todorov, *Os gêneros do discurso*, p. 46.

Bibliografia

LIVROS, ARTIGOS E TESES

ABRAMO, Cláudio. *A regra do jogo – O jornalismo e a ética do marceneiro*. São Paulo: Companhia das Letras, 1988.

ADORNO, Theodor. "Indústrias Culturais." In: *Adorno*. São Paulo: Editora Abril, Coleção Grandes Cientistas Sociais, 1986.

______. *Televisión y cultura de masas*. Córdoba: Eudecor, 1966.

ALMEIDA, Candido José Mendes de; ARAÚJO, Maria. *As perspectivas da televisão brasileira ao vivo*. São Paulo: Imago, 1995.

ALVARADO, Ana B. Uribe. "La telenovela en la vida familiar cotidiana en México – Las familias y la televisión, una unión inseparable." In: FADUL, Anamaria (ed.). *Serial fiction in TV. The Latin American telenovelas with an annotated bibliography of Brazilian telenovela*. São Paulo: Núcleo de Pesquisa de Telenovelas, ECA-USP, 1992.

ALVES, Rubem. *Filosofia da ciência*. São Paulo: Loyola, 2000.

AMAURY JUNIOR. *Flash fora do ar. Revelações e histórias dos 18 anos do programa Flash*. São Paulo: Elevação, 1999.

ARBEX JR., José. *Shownalismo: a notícia como espetáculo*. São Paulo: Casa Amarela, 2002.

ARONCHI DE SOUZA, José Carlos. *Gêneros na televisão brasileira – Um estudo da programação*. 1997. 170 f. Dissertação (mestrado em Comunicação Social) – Universidade Metodista de São Paulo, São Bernardo do Campo (SP).

______. *Telejornalismo global – O papel estratégico da CNN*. 2003. 218 f. Tese (doutorado em Ciências da Comunicação) – Escola de Comunicações e Artes, Universidade de São Paulo, São Paulo.

ASSMANN, Hugo. *Igreja eletrônica e seu impacto na América Latina*. Petrópolis: Vozes, 1986.

AVANCINI, Walter. "Estética na televisão." In: MACEDO, Claudia; FALCÃO, Angela; ALMEIDA, Candido José Mendes de (orgs.). *TV ao vivo: depoimentos*. São Paulo: Brasiliense, 1988.

AZNAR, Sidney Carlos. *Vinheta: do pergaminho ao vídeo*. São Paulo: Arte & Ciência; Marília: Unimar (Universidade de Marília), 1997.

BARBEIRO, Heródoto. *Manual de radiojornalismo*. São Paulo: Campus, 2001.

BARBOSA FILHO, André. *Gêneros radiofônicos – Tipificação dos formatos em áudio*. 1996. Dissertação de mestrado – Centro de Pós-Graduação do Instituto Metodista de Ensino Superior, São Bernardo do Campo (SP).

_____. *Gêneros radiofônicos: os formatos e os programas em áudio*. São Paulo: Paulinas, 2003.

BARBOSA, Florinda; RITO, Lucia. *Quem não se comunica se trumbica*. São Paulo: Globo, 1996

BARLOZZETTI, Guido. *Il palinsesto – Testo, apparati e generi della televisione*. Milão: Franco Angeli, 1986.

BARSON, Michael. "The TV western." In: ROSE, Brian. *TV genres*. Wesport, Connecticut: Greenwood, 1985.

BARTHES, Roland. *Introdução à análise da narrativa*. Petrópolis: Vozes, 1971.

BENAKOUCHE, Rabah. *A informática e o Brasil*. Petrópolis: Vozes, 1985.

BERG, Vande; WENNER, Lawrence A. *Television criticism – Approaches and applications*. Nova York: Longman, 1991.

BERGER, Arthur Asa. *Popular culture genres: theories and texts*. Newbury Park, Califórnia: Sage Publications, 1992.

BERNARDES, Cristiane Brum; SILVA, Patrícia Rocha da; CAPARELLI, Sérgio. *Os gêneros na programação televisiva*. 1997. 18 p. Paper – Universidade Federal do Rio Grande do Sul, Porto Alegre, 1997.

BESENVAL, Patrick. *A televisão*. Lisboa: Vega, Coleção Trimédia, s/d.

BETTETINI, Gianfranco; BELLOTTO, Adriano. *Questioni di storia e teoria della radio e della televisione*. Milão: Vita e Pensiero, 1985.

BOFETTI, Valdir. *Canais comunitários: construindo a democracia na TV a cabo*. 1999. Dissertação (mestrado em Comunicação Social) – Pós-Com Umesp, São Bernardo do Campo (SP).

BOMBIG, José Alberto; MARIANTE, José Henrique. "Seleção convive com ingerência da Globo". *Folha de S.Paulo*, São Paulo, 24 jun. 2001, p. D3.

BONASIO, Valter. *Televisão: manual de produção & direção*. Belo Horizonte: Leitura, 2002.

BORELLI, Silvia H. S.; PRIOLLI, Gabriel (coords.). *A deusa ferida – Por que a Rede Globo não é mais a campeã absoluta de audiência*. São Paulo: Summus, 2000.

BORELLI, Silvia Helena Simões (org.). *Gêneros ficcionais – Produção e cotidiano na cultura popular de massa*. São Paulo: Intercom, 1994.

BRANDÃO, Ignácio de Loyola. "As histórias do Amaury Júnior." Crônica. *O Estado de S. Paulo*, São Paulo, 3 out. 1999. Caderno 2.

BUCCI, Eugênio. "Acabou a esbórnia." *Folha de S.Paulo*, São Paulo, 16 dez. 2001. TV Folha, p. 2.

_____. (org.). *A TV aos 50*. São Paulo: Fundação Perseu Abramo, 2000.

BUSTAMANTE, Enrique. *Visión económica: financiación, estrategias y mercados*. Barcelona, Espanha: Gedisa, 1999.

CANCLINI, Nestor García. *Cultura y comunicación: entre lo global y lo local*. La Plata: Universidad Nacional de la Plata, 1997.

CANEVACCI, Massimo. *Sincretismos: uma exploração das hibridações culturais*. São Paulo: Nobel, 1996.

CAPARELLI, Sérgio. *Televisão e capitalismo no Brasil*. Porto Alegre. L&PM, 1982.

CARDOSO, Onésimo de Oliveira. "A igreja eletrônica: os programas religiosos na televisão brasileira." In: *Comunicação & Sociedade*, n. 13, p. 5, São Paulo, Cortez/IMS, 1986.

CARROLL, Raymond. "Television documentary." In: ROSE, Brian (ed.). *TV genres*. Wesport, Connecticut: Greenwood, 1985.

CLARK, Walter. "Um pouco de história e de reflexão sobre a televisão brasileira." In: MACEDO, Claudia; FALCÃO, Angela; ALMEIDA, Candido José Mendes de (orgs.). *TV ao vivo: depoimentos*. São Paulo: Brasiliense, 1988.

CNN TELEVISION. *CNN 1980-1990*. Atlanta: CNN, 1990.

COMPARATO, Doc. *Roteiro*. Rio de Janeiro: Nórdica, 1983.

COMSTOCK, George A. *The evolution of American television*. Newbury Park, Califórnia: Sage Publications, 1989.

COOK, Philip S. *The future of news*. Washington, DC: The Woodrow Wilson Center Press, 1992.

COOPER, Anne; SILVA, Regina. "Television game shows in Brazil and the United States", s/d, Paper - College of Communication, Ohio University, Athens.

CORNER, John; HARVEY, Sylvia. *Television times - A reader*. Londres: Arnold, 1996.

COSTA, Caio Túlio. *O relógio de Pascoal*. São Paulo: Siciliano, 1991

COSTA, Walter Alberto Wiegratz. *Tela crente apresenta - Rede Record: a igreja eletrônica de Edir Macedo*. 1997. Dissertação de mestrado - Centro de Pós-Graduação do Instituto Metodista de Ensino Superior, São Bernardo do Campo (SP).

COUTINHO, Iluska. "A busca por critérios editoriais em telejornalismo: notas sobre a exigência de conflito nas notícias televisivas." In: *Ética, mídia e sociedade*, anais do XXVI Congresso Brasileiro de Ciências da Comunicação. São Paulo: Intercom, 2003.

CROITOR, Cláudia. "Os novos reis da baixaria." *Folha de S.Paulo*, São Paulo, 25 nov. 2001. TV Folha.

CROITOR, Cláudia; SALLUM, Érika. "Novas atrações oferecem mais do mesmo." *Folha de S.Paulo*, São Paulo, 24 set. 2000. TV Folha, p. 12.

DANTAS, Audálio (org.). *Repórteres*. São Paulo: Senac-SP, 1998.

DAVIS, Desmond. *Produção em televisão*. São Paulo: Agir, 1975.

DEBRAY, Régis. *Vida e morte da imagem*. Rio de Janeiro: Vozes, 1993.

DEMO, Pedro. *Metodologia científica em ciências sociais*. São Paulo: Atlas, 1989.

DERTOUZOS, Michael. *O que será? Como o novo mundo das informacões transformará nossas ideias*. São Paulo: Companhia das Letras, 1997.

DIONÍSIO, Rodrigo. "SBT reconhece erros do programa." *Folha de S.Paulo*, São Paulo, 1 jul. 2001. TV Folha.

DUARTE, Luiz Guilherme. *É pagar para ver*. São Paulo: Summus, 1996.

EDGERTON, Gary. "The American made-for-TV movie." In: ROSE, Brian. *TV genres*. Wesport, Connecticut: Greenwood, 1985.

ELLMORE, R. Terry. *NTC's Mass media dictionary*. Lincolnwood, Ill: NTC Publishing Group, 1996.

EXAME. Editora Abril, São Paulo, 23 abr. 97.

FADUL, Anamaria. *The radio and television environment in Brazil*. Dez. 1993. Mimeografia. São Paulo.

_____. (ed.). *Serial fiction in TV. The Latin American telenovelas with an annotated bibliography of Brazilian telenovela*. São Paulo: Núcleo de Pesquisa de Telenovelas, ECA-USP, 1992.

_____. *Telenovela e demografia*. Paper, Austrália, 1992.

FANG, Irving E. *Television news*. Nova York: Hastings House, 1972.

FEDERICO, M. Elvira Bonavita. *História da comunicação; rádio e TV no Brasil*. Petrópolis: Vozes, 1982.

FEUER, Jane. "Genre study and television." In: ALLEN, Robert C. (ed.). *Channels of discourse: television an contemporaty criticism*. Chapel Hill: University of North Caroline Press, 1987.

FILHO, Daniel. *O circo eletrônico – Fazendo TV no Brasil*. Rio de Janeiro: Jorge Zahar Editor, 2001.

_____. "Criatividade – Novas ideias em televisão." In: MACEDO, Claudia; FALCÃO, Angela; ALMEIDA, Candido José Mendes de (orgs.). TV *ao vivo: depoimentos*. São Paulo: Brasiliense, 1988.

FITERT (Federação Interestadual dos Trabalhadores em Empresas de Radiodifusão e Televisão). *Manual do radialista*. São Paulo: Fitert, 1992.

FOLHA de S.Paulo, TV Folha, 1 jun. 97.

FORE, William F. "Living church and electronic church compared." In: COSTA, Walter Alberto Wiegratz. *Tela crente apresenta – Rede Record: a igreja eletrônica de Edir Macedo*. 1997. Dissertação de mestrado – Instituto Metodista de Ensino Superior, São Bernardo do Campo (SP).

FOUCAULT, Michel. *A ordem do discurso*. São Paulo: Loyola, 1999.

FRANZOIA, Ana Paula; PAVÃO, Jayr. GARCIA, Lauro Lisboa. "As novelas que fizeram história". *Revista Época*, 20 ago. 2001, p. 105.

FRECCERO, Carlo. "La TV senza mito." In: *La televisione in Europa*, v. 1. Turim: Edizioni della Fondazione Giovanni Agnelli, 1990.

FRÉDERIX, Pierre. *Un siècle de chasse aux nouvelles; de l'Agence France-Presse, 1835-1957*. Paris: Flammarion Editeur, 1959.

FURTADO, Rubens. "Programação I – da Rede Tupi à Rede Manchete, uma visão histórica." In: MACEDO, Claudia; FALCÃO, Angela; ALMEIDA, Candido José Mendes de (orgs.). TV *ao vivo: depoimentos*. São Paulo: Brasiliense, 1988.

GAARDER, Jostein. *O mundo de Sofia: romance da história da filosofia*. São Paulo: Companhia das Letras, 1995.

GUGLIELMO, Hugo Di. *Vivir del aire. La programación televisiva vista por dentro*. Buenos Aires: Norma, 2002.

HARTLEY, John. *Teleology - Studies in television*. Londres: Routledge, 1992.

HENFIL. *Como se faz humor político*. Petrópolis: Vozes, 1985.

HENNING, Hermano. *Via satélite*. São Paulo: Globo, 1996.

HERREROS, Mariano Cebrián. *Géneros informativos audiovisuales - Radio, televisión, periodismo, gráfico, cine, vídeo*. Madri: Ciencia 3, 1992.

HERZ, Daniel. *A história secreta da Rede Globo*. Porto Alegre: Tchê, 1985.

HILLIARD, Robert L. *Television station - Operations and management*. Stoneham, Massachusetts: Focal Press, 1989.

HOLANDA, Aurélio Buarque. *Médio dicionário Aurélio*. Rio de Janeiro: Nova Fronteira, 1985.

HUNTINGTON, Samuel P. "Choque das civilizações?" In: FONSECA JUNIOR, Gelson (org.). *Temas de política externa brasileira II*. Rio de Janeiro: Paz e Terra, 1994.

IANNI, Octavio. *Teorias da globalização*. Rio de Janeiro: Civilização Brasileira, 1996.

JAMBEIRO, Othon. *A TV no Brasil no século XX*. Salvador: EDUFBA, 2001.

JUNQUEIRA, Beto. *Ratinho: coisa de louco! A história empolgante e divertida de um brasileiro que saiu da roça para se tornar um sucesso da televisão*. Porto Alegre: L&PM, 1998.

KAMINSKY, Stuart M. *American television genres*. Chicago: Nelson-Hall, 1985.

KEIRSTEAD, Phillip O. *The world of telecommunication - Introduction to broadcasting, cable and new technologies*. Stoneham, Massachusetts: Focal Press, 1990.

KOTTAK, Conrad Phillip. *Prime-time society. An anthropological analysis of television and culture*. Belmont, Califórnia: Wadsworth, 1990.

LEAL FILHO, Laurindo. *A melhor TV do mundo. O modelo britânico de televisão*. São Paulo: Summus, 1997.

LEWIS, Colby. *Manual do produtor de televisão*. São Paulo: Cultrix, 1972.

LIMA, Fernando Barbosa. In: MACEDO, Claudia; FALCÃO, Angela; ALMEIDA, Candido José Mendes de (orgs.). *TV ao vivo: depoimentos*. São Paulo: Brasiliense, 1988.

LINS E SILVA, Carlos Eduardo. *O adiantado da hora*. São Paulo: Summus, 1991.

_____. *Muito além do Jardim Botânico*. São Paulo: Summus, 1985.

LOBO, Narciso. *Ficção e política. O Brasil nas minisséries*. Manaus: Valer, 2000.

LOMBARDI, Carlos. *Manual da televisão - Walt Disney*. São Paulo: Abril Cultural, 1982.

LOPES, Maria Immacolata Vassallo; BORELLI, Silvia Helena Simões; RESENDE, Vera da Rocha. *Vivendo com a telenovela: mediações, recepção, teleficcionalidade*. São Paulo: Summus, 2002.

MACEDO, Claudia; FALCÃO, Angela; ALMEIDA, Candido José Mendes de (orgs.). *TV ao vivo: depoimentos.* São Paulo: Brasiliense, 1988.
_____. *O que é vídeo*. São Paulo: Brasiliense, 1984.
MALDONATO, Wilfredo. "Estrutura mítica e função ritual dos telejornais." In: *Signo Revista de Comunicação*, Universidade Federal de Pernambuco, 1998.
MARIA, Lara. *Televisão – 50 anos: inventário da programação infantil.* 2000. Dissertação (mestrado em Comunicação Social) – Pós-Com, Umesp, São Bernardo do Campo (SP).
MARKS, Leonard. *International conflict and the free flow of information in control of the direct broadcast satellite, values in conflict.* Palo Alto, Califórnia: Aspen Institute Program on Communication and Society, 1974.
MARTHE, Marcelo. "A outra guerra." *Veja*, São Paulo, 2 mar. 2003.
MARTHE, Marcelo; VALLADARES, Ricardo. "Pelo buraco da fechadura." *Veja*, São Paulo, n. 1727, 21 nov. 2001, p. 117.
MARTÍN-BARBERO, Jesús. *Os exercícios do ver: hegemonia audiovisual e ficção televisiva.* São Paulo: Editora Senac, 2001.
_____. *De los medios a las mediaciones.* Cidade do México: Ediciones Gustavo Gilli, 1997.
MASTERMAN, Len. *Teaching about television*. Londres: MacMillan, 1980.
MATTA, Fernando Reyes (org.). *A informação na nova ordem internacional.* Rio de Janeiro: Paz e Terra, 1980.
MATTOS, Sergio. *A televisão no Brasil: 50 anos de história (1950-2000).* Salvador: Pás–Ianamá, 2000.
_____. *Televisão e cultura no Brasil e na Alemanha.* Salvador: GRD-ICBA (Instituto Cultural Brasil-Alemanha), 1997.
_____. (org.). *A televisão e as políticas regionais de comunicação. Intercom*, n. 6; São Paulo/Salvador: Ianamá, 1997.
MCANANY, Emile G. *The telenovela and social change: popular culture, public policy and communication theory.* s/d. Paper, EUA.
MÉDOLA, Ana Sílvia Lopes Davi. "A produção independente na televisão: o caso de Bauru." In: MATTOS, Sérgio (org.). *A televisão e as políticas regionais de comunicação.* São Paulo: Intercom (Sociedade Brasileira de Estudos Interdisciplinares da Comunicação)–GT Televisão, 1997.
MEIRELES, Fernando; TAS, Marcelo. In: MACEDO, Claudia; FALCÃO, Angela; ALMEIDA, Candido José Mendes de (orgs.). TV *ao vivo: depoimentos.* São Paulo: Brasiliense, 1988.
MELO, José Marques de. *As telenovelas da Globo – Produção e exportação.* São Paulo: Summus, 1988.
_____. *A opinião no jornalismo brasileiro*. Petrópolis: Vozes, 1985.
_____. *Para uma leitura crítica da comunicação.* São Paulo: Paulinas, 1985.
_____. (org.). *Gêneros jornalísticos na* Folha de S.Paulo. São Paulo: FTD, 1992.
MICELI, Sérgio. *A noite da madrinha*. São Paulo: Perspectiva, 1972.

MIGLIACCIO, Marcelo. " 'O Povo na TV' foi o pioneiro na apelação para o mundo cão." *Folha de S.Paulo*, São Paulo. TV Folha, 25 nov. 2001.

MIRANDA, Eduardo. *Rede Manchete - Boletim da programação*. Departamento de Comunicação da Rede Manchete de Televisão, Rio de Janeiro, out. 96.

MORAN, Albert. *Moran's guide to Australian TV series*. North Ryde, NSW: Australian Film Television & Radio School; Concord : Paul and Co. Pub., 1993.

MORAN, José Manuel. *Como ver televisão*. São Paulo: Paulinas, 1991.

MORETZSOHN, Sylvia. *Jornalismo em "tempo real". O fetiche da velocidade*. Rio de Janeiro: Revan, 2002.

MÜLLER, Karla Maria; PEREIRA JR., Alfredo Eurico Vizeu. "A televisão e as políticas regionais de comunicação." In: MATTOS, Sérgio (org.). *A televisão e as políticas regionais de comunicação. Intercom*, n.º 6 - Salvador/ São Paulo: Ianamá, 1997.

MUYLAERT, Roberto. *Marketing cultural & comunicação dirigida*. São Paulo: Globo, 1995.

NASSAR, Silvio Julio. *Mil perguntas: televisão*. Rio de Janeiro: Rio, 1984.

OBRADOVIÉ, Daniela. "O lugar na programação." In: "Telenovela made in Brazil", *Revista Brasileira de Comunicação*, São Paulo, Intercom, n. 62/63, 1990.

ORTIZ, Renato; BORELLI, Silvia Helena Simões; RAMOS, José Mario Ortiz. *Telenovela - História e produção*. São Paulo: Brasiliense, 1991.

ORTRIWANO, Gisela. *A informação no rádio*. São Paulo: Summus, 1985.

OSTROFF, David H. *et al. Perspectives on radio and television*. Mahwah, New Jersey: Lawrence Erlbaum Associates, 1998.

PALÁCIOS, Marcos. *Projetos experimentais e mercado de trabalho: o papel das práticas laboratoriais*. 1993. Dissertação (mestrado em Comunicação Social) - Instituto Metodista de Ensino Superior, São Bernardo do Campo (SP).

PATERNOSTRO, Vera I. *O texto na TV. Manual de telejornalismo*. Rio de Janeiro: Campus, 1999.

PATERSON, Richard. *International TV & video guide 1987*. Londres: Tantivy, 1986.

PETRAGLIA, Cláudio G. "Programação II - Definição de um projeto - Rede Bandeirantes." In: MACEDO, Claudia; FALCÃO, Angela; ALMEIDA, Candido José Mendes de (orgs.). TV *ao vivo: depoimentos*. São Paulo: Brasiliense, 1988.

PIERRY, Marcos. "Inspiração tem limites". *O Estado de S. Paulo*, 28 jan. 2001. Suplemento Telejornal, p. T9.

PIERRY, Marcos; APOLINÁRIO, Sônia. "Reservatório de games", *O Estado de S. Paulo*, São Paulo, 12 ago. 2001. Suplemento Telejornal, p. T6.

PIERRY, Marcos; JIMENEZ, Keila. "Para crianças de 30 anos." *O Estado de S. Paulo*, São Paulo, 24 jun. 2001. Suplemento Telejornal, p. T8.

PIGNATARI, Décio. *Signagem da televisão.* São Paulo: Brasiliense, 1984.

PRIOLLI, Gabriel. "A tela pequena no Brasil grande." In: BARBOSA LIMA, Fernando; PRIOLLI, Gabriel; MACHADO, Arlindo. *Televisão e vídeo.* Rio de Janeiro: Zahar, 1985.

_____. "Senta, levanta." *O Estado de S. Paulo*, São Paulo, 29 jul. 2001. Suplemento Telejornal, p. T2.

QUEIROZ, Adolpho. *TV de papel.* São Paulo: Unimep, 1993.

RAMOS, Cosete. *Excelência na educação.* Rio de Janeiro: Qualitymark, 1992.

REIMÃO, Sandra (coord.). *Em instantes - Notas sobre a programação na TV brasileira (1965-1995).* São Paulo: Salesianas/Cabral, 1997.

REZENDE, Guilherme Jorge de. *Telejornalismo no Brasil - Um perfil editorial.* São Paulo: Summus, 2000.

RIZZA, Nora. *Costruire palinsesti. Modalità logiche e stili della programmazione televisiva tra pubblico e privato.* Roma: ERI-VQPT/RAI, 1989.

RIZZO, Sérgio. *Cinema.* São Paulo: Moinho das Artes, Coleção Agendas, 2004.

ROITER, Ana. *Dicionário técnico de TV.* São Paulo: Globo, 1995.

ROSE, Brian. *TV genres.* Wesport, Connecticut: Greenwood, 1985.

SALLES, Mauro. "O Brasil e a televisão." In: MACEDO, Claudia; FALCÃO, Angela; ALMEIDA, Candido José Mendes de (orgs.). *TV ao vivo: depoimentos.* São Paulo: Brasiliense, 1988.

SALLUM, Érika. "Apresentadores vendem a própria imagem". *Folha de S. Paulo*, São Paulo, 3 set. 2000. TV Folha, p. 12.

SALÓ, Gloria. *Qué es eso del formato? Como nace y se desarrolla um programa de televisión.* Barcelona: Gedisa, 2003.

SAMPAIO, Mario Ferraz. *História do rádio e da televisão no Brasil e no mundo.* Rio de Janeiro: Achiamé, 1984.

SANTAELLA, Lúcia. *Matrizes da linguagem e pensamento: sonora, visual e verbal.* São Paulo: Iluminuras–Fapesp, 2001.

II SIMPÓSIO DE RÁDIO E TELEVISÃO - *A programação de rádio e TV no Brasil. Como é e como poderia ser.* Vários autores. São Paulo: ECA-USP, 1979.

SHERMAN, Maurício. "Humor brasileiro." *O Estado de S. Paulo*, São Paulo, 12 mai. 2002. Suplemento Telejornal, p. T6.

SILVA, Luis E. Potsch de Carvalho. *Estratégia empresarial e estrutura organizacional nas emissoras de TV brasileiras: 1950-1982.* 1982. Tese de Doutorado –Fundação Getúlio Vargas/Eaesp, São Paulo.

SINGHAL, Arvind; ROGERS, Everett M.; BROWN, Willian J. "Entertainment telenovelas for development: lessons learned." In: FADUL, Anamaria (ed.). *Serial fiction in TV. The Latin American telenovelas with an annotated bibliography of Brazilian telenovela.* São Paulo: Núcleo de Pesquisa de Telenovelas, ECA-USP, 1992.

SODRÉ, Muniz. *A comunicação do grotesco.* Petrópolis: Vozes, 1972.

_____. *O monopólio da fala.* Petrópolis: Vozes, 1997.

SOUSA, Mauro Wilton. "Telenovela brasileira na Europa: uma internacionalização em processo." *Comunicação & Sociedade*, São Bernardo do Campo (SP), Edims, ano XII, n. 21, jun. 94.

SOUZA E SILVA, Dallmo O. "A ágora ou o zoológico humano?" In: *Cenários da Comunicação*, São Paulo: Uninove/Centro Universitário Nove de Julho, v. 1, n. 1, set. 2002.

SOUZA, Jésus Barbosa. *Meios de comunicações de massa*. São Paulo: Scipione, 1996.

SQUIRRA, Sebastião. "O telejornalismo brasileiro num cenário de competitividade." *Intercom - Revista Brasileira de Comunicação*, São Paulo, v. XVIII, n. 1, jan./jun. 1995.

_____. *Aprender telejornalismo*. São Paulo: Brasiliense, 1990.

STASHEF, Eduard *et al*. *O programa de televisão*. São Paulo: Edusp, 1978.

TARSITANO, Paulo Rogério. *Publicidade: análise da produção e da formação profissional*. São Paulo: Alaic, 1998.

TAVARES, Maria da Conceição. "Prefácio" In: DANTAS, Marcos. *A lógica do capital informação*. Rio de Janeiro: Contraponto, 1996.

TÁVOLA, Arthur. "Televisão e sociedade." In: MACEDO, Claudia; FALCÃO, Angela; ALMEIDA, Candido, José Mendes de (orgs.). *TV ao vivo: depoimentos*. São Paulo: Brasiliense, 1988.

TEODORO, Gontijo. *Jornalismo na TV*. Rio de Janeiro: Ediouro, 1980.

SAMPAIO, Mário Ferraz. *História do rádio e da televisão no Brasil e no mundo*. Rio de Janeiro: Achiamé. 1984.

TILBURG, João Luís Van. *Para uma leitura crítica da televisão*. São Paulo: Paulinas, 1984.

TODOROV, Tzvetan. *Os gêneros do discurso*. São Paulo: Martins Fontes, 1980.

TOFLER, Alvin e Heidi. *Guerra e antiguerra*. Rio de Janeiro: Record, 1994.

TONDATO, Marcia Perencin; CARRARA, Renata. "TV de sinal aberto busca seu caminho em tempo de TV por assinatura." In: REIMÃO, Sandra (coord.) *Em instantes - Notas sobre a programação na TV brasileira (1965-1995)*. São Paulo: Salesianas/Cabral, 1997.

TRAMONTINA, Carlos. *A entrevista*. São Paulo: Globo, 1996.

TRAVANCAS, Isabel. "A coluna de Ibrahim Sued. Um gênero jornalístico." *Revista Brasileira de Ciências da Comunicação*, São Paulo, Intercom, v. XXIV, n. 1, p. 109, jan./jun. 2001.

_____. *O mundo dos jornalistas*. São Paulo: Summus, 1993.

TRIVIÑOS, Augusto N. S. *Introdução à pesquisa em ciências sociais*. São Paulo: Atlas, 1987.

VALLADARES, Ricardo. "Arroz-de-festa". Veja, 05 jun. 2002.

VIGIL, Jose Ignacio Lopez. *Manuais de comunicação. A entrevista*. São Paulo: Paulinas, 1986.

VILCHES, Lorenzo. "Globalização comunicativa e efeitos culturais." In: MORAES, Denis (org.). *Globalização, mídia e cultura contemporânea*. Campo Grande: Letra Livre, 1997.

WATTS, Harris. *Direção de câmera – Um manual de técnicas de vídeo e cinema.* São Paulo: Summus, 1999.

_____. *On camera – Curso de produção de filme e vídeo da BBC.* São Paulo: Summus, 1990.

WEIL, Pierre. *O corpo fala.* Petrópolis: Vozes, 2000.

WEINER, Richard. *Webster's new world dictionary of media and communication.* Nova York: Webster, 1996.

WENNER, Lawrence A.; BERG, Vande R. Leah (eds.). *Television criticism – Approaches and applications.* Nova York: Longman, 1991.

WINSHIP, Michael. *Television.* Nova York: Random House, 1988.

WOLF, Mauro. "I generi e mass media." In: BARLOZZETTI, Guido (org.). *Il Palinsesto. Testo, apparati e generi della televisione.* Milão: Franco Angeli, 1986.

_____. "Géneros y televisión." In: *Series: Cine, TV Anàlisi – Quaderns de Comunicación i Cultura 9.* Barcelona: Universitat Autónoma de Barcelona, mai. 1984.

WURTZEL, Alan. *Television production.* Nova York: McGraw-Hill, 1985.

XAVIER, Ricardo; SACCHI, Rogério. *Almanaque da TV – 50 anos de memória e informação.* Rio de Janeiro: Objetiva, 2000.

YORK, Ivor. *Jornalismo diante das câmeras.* São Paulo: Summus, 1998.

SUPLEMENTOS DE JORNAIS

O Estado de S. Paulo, suplemento Telejornal, 9 jul. 2000, 16 jul. 2000, 17 set. 2000.

Folha de S.Paulo, suplemento TV Folha, 10 jul. 2001, 4 nov. 2001.

SITES

www.gratisweb.com/tvbrasil/cronologia

www.tudosobretv.com.br

leia também

SEJA O PRIMEIRO A SABER
A CNN e a globalização da informação
José Carlos Aronchi de Souza

O autor revela a estratégia de geocomunicação, pela qual as grandes potências fazem as pessoas do mundo inteiro receberem juntas as mesmas informações. Explica o desenvolvimento da rede de TV americana CNN e traz um registro detalhado da cobertura da invasão/ocupação do Iraque, em 2003.

REF. 10226 ISBN 978-85-323-0226-7

A TELEVISÃO NA ERA DIGITAL
Interatividade, convergência e novos modelos de negócio
Newton Cannito

Nesta obra destinada a estudantes de Comunicação e Cinema, Newton Cannito discute os desafios da televisão na era digital. Entre os assuntos abordados estão o ambiente de convergência digital, os modelos de negócio do futuro, a interatividade e a democratização dos conteúdos.

REF. 10658 ISBN 978-85-323-0658-6

A TV SOB CONTROLE
A resposta da sociedade ao poder da televisão
Laurindo Lalo Leal Filho

Os textos presentes nesta coletânea refletem as mudanças pelas quais a televisão tem passado – da entrada na onda neoliberal da desregulamentação à tomada de consciência do público. Hoje, a sociedade questiona a ação da TV como meio de comunicação hegemônico num país profundamente desigual como o nosso.

REF. 10297 ISBN 978-85-323-0297-7

Grupo Summus
www.gruposummus.com.br
www.gruposummus.com.br
Acesse, conheça o nosso catálogo e cadastre-se para receber informações sobre os lançamentos.

www.gruposummus.com.br

IMPRESSO NA
GRÁFICA
sumago
sumago gráfica editorial ltda
rua itauna, 789 vila maria
02111-031 são paulo sp
tel e fax 11 2955 5636
sumago@sumago.com.br